Die Oderberger Straße

Nadja & Freya Klier

Die Oderberger Straße

be.bra verlag

Bildnachweis
Archiv der Autorinnen S. 11, 14, 23, 31, 57, 62, 88, 98, 107, 110, 111, 121, 129, 133; Bara, Tina
S. 105; Blazeowski, Pit S. 71; BSTU S. 35, 41 u., 76; Grätz, Irmgard S. 27, 122; Hauswald,
Harald S. 83; LArch Berlin S. 20 (F Rep. 290 (05) Nr. 0316942), 41 o. (F Rep. 290 Nr. 0325145,
Foto: Esch-Marowski, Barbara), 44 (F Rep. 290 (02) Nr. 0112523, Foto: Ehlers, Ludwig),
46 (F Rep. 290 (02) Nr. 0123924, Foto: Siegmann, Horst), 47 (F Rep. 290 (06) Nr. 0099676,
Foto: Schubert, Karl-Heinz); Paul, Manfred S. 127; Satti, Rahman S. 75; Schütz, Jim S. 67;
Wunderlich, Sylke S. 93; Zech, Karl Adolf S. 51. – Sollten trotz sorgfältiger Nachforschungen
nicht alle Rechteinhaber korrekt ermittelt worden sein, so bitten wir um Mitteilung an den
Verlag.

Bibliografische Information der Deutschen Nationalbibliothek
Die Deutsche Nationalbibliothek verzeichnet diese Publikation
in der Deutschen Nationalbibliografie; detaillierte bibliografische
Daten sind im Internet über http://dnb.d-nb.de abrufbar.

© be.bra verlag GmbH
Berlin-Brandenburg, 2017
KulturBrauerei Haus 2
Schönhauser Allee 37, 10435 Berlin
post@bebraverlag.de
Lektorat: Marijke Topp, Berlin
Umschlag und Titelfoto: Manja Hellpap, Berlin
Satz: typegerecht, Berlin
Schrift: Stempel Garamond 10/14 pt
Druck und Bindung: GGP Media GmbH, Pößneck
ISBN 978-3-89809-140-4

www.bebraverlag.de

Inhalt

Nadja

Vorwort
Zwei Autorinnen – Ein Buch

Wenn ich große Schritte mache, dann brauche ich fünfund-
sechzig davon, um von der Hauswand unserer Nummer 45 zur
schräg gegenüberliegenden Hauswand der Nummer 20 zu laufen. Direkt gegenüber steht kein Haus; es klafft eine Lücke in der
Fassade. Einen großen Hof, auf den LKWs rein- und rausfahren,
und eine Autowerkstatt kann man sehen. Ich entdecke das Gelände als heimliche Abkürzung zu meinem Kindergarten, der in
der Eberswalder Straße liegt.

Meine Schritte sind die einer Fünfjährigen und demzufolge
brauche ich einige mehr als ein Erwachsener. Die Schritte vom
Beginn der Oderberger Straße 1 an der Ecke zur Schönhauser
Allee, vorbei am Stadtbad auf der gegenüberliegenden Seite, über
die Kastanienallee und vorbei an der Feuerwehr bis zur Mauer,
hab ich dann nicht mehr gezählt. So weit kann ich mit fünf Jahren auch noch nicht zählen. Bis ganz ran an die Mauer darf man
sowieso nicht, dort stehen Polizisten, die streng gucken. Ich hätte
die Schritte also schätzen müssen und das wäre ungenau gewesen.
Abgelenkt von den vielen Eindrücken, die mir diese Straße bei
unserem Einzug mit meiner Mutter Freya 1978 bietet, ist es wohl
auch nicht so wichtig, wie viele Schritte ich gebraucht hätte.

Die Oderberger ist nicht so lang wie andere Straßen, dafür
aber doppelt so breit. Ein wunderbar weitläufiger Spielplatz. Ein
schönes Schwimmbad gibt es auch, in dem ich später viel Zeit

verbringe und schwimmen lerne. Und eine Feuerwehr mit imposanten Fahrzeugen. Meine Mutter ist Schauspielerin, wir haben vorher in Senftenberg gewohnt und sie will hier Regie studieren. Wir ziehen also nach Berlin. In die Oderberger Straße.

Bevor ich schon im Vorwort alles erzähle, will ich sagen, dass meine Mutter und ich zehn Jahre in dieser Straße gelebt und vieles erlebt haben. Wir versuchen, mit diesem schönen kleinen Buch, also gemeinsam, jede aus ihrer Perspektive, unsere ganz persönlichen Erinnerungen zu erzählen und einen Bogen zu spannen: Vom historischen Teil der Straße und ihrer Entstehung im vorletzten Jahrhundert über zwei barbarische Kriege, zwischen denen die Weimarer Republik »eingeparkt« war, über die Wirtschaftskrise und den Nationalsozialismus. Dann geht der Bogen weiter vom Wiederaufbau in der sowjetisch besetzten Zone und der Gründung der DDR zum Bau der Berliner Mauer im August 1961, dem Moment, in dem die Oderberger Straße zur Sackgasse wurde und die Menschen für achtundzwanzig Jahre in der DDR eingeschlossen waren.

Wie lebt es sich in der Straße, an deren Ende ein Podest hinter der Mauer steht, von dem aus die restliche Welt in die Straße schauen kann wie in ein Aquarium? Wie hält man den Sozialismus aus, ohne kaputtzugehen? Viele Künstler, die in der Straße wohnen, beleben sie mit ihrer Kunst und ihrer kleinen Sturheit, an ihren Ideen festzuhalten und nicht vor dem System einzuknicken. Wie Wolfgang Krause mit seinen Installationen oder die Hirschhof-Leute, Mitglieder einer der ersten Bürgerbewegungen der DDR überhaupt, die mit ihrer Initiative die Straße letztendlich vorm Abriss retten.

Der Hirschhof ist ein beliebtes Ziel bei Alt und Jung. Meine Mutter spielt mit ihrem Mann Stephan Krawczyk im Hirschhof Theater, ich spiele mit den Jungs Verstecken.

Er wird allerdings auch ein beliebtes Ziel beim Ministerium für Staatssicherheit. Bald gibt es eine Akte zum Hirschhof, in der jede Aktivität peinlich genau festgehalten wird, was auf die hohe Anzahl von Spitzeln allein in der Oderberger Straße schließen lässt.

Meine Mutter und Stephan bekommen Berufsverbot und werden, als es politisch ganz eng wird, verhaftet und müssen die DDR verlassen. Ich mittendrin.

Die DDR existiert danach noch knappe zwei Jahre, dann bricht das System zusammen.

Oft gehe ich in den Jahren nach dem Mauerfall zurück in die Straße, die sich allmählich wieder aus dem Sackgassenstatus herausschiebt. Zu lange verharrte sie in diesem Zustand. Ich versuche, mich zu erinnern, Revue passieren zu lassen. Freya inszeniert 1991 ein Stück über deutsche Männerbünde mit Schauspielern aus beiden Teilen Deutschlands im benachbarten Prater, ein letzter Akt in Sachen Theater.

Ich bin öfter dort, erlebe, wie sich die Straße im Jahresrhythmus wandelt, und werde Zeuge von intelligenten Zwischennutzungen, jahrelangen Modernisierungen mit den dazu gehörigen Rechtsstreits um die Grundstücke, auch beim Hirschhof und dem Austausch der Bevölkerung in dieser Straße.

Bis heute ist unheimlich viel passiert. Und für ein wirklich rundes Bild dieser Straße haben wir nochmal mit vielen ehemaligen Bewohnern gesprochen, die sich für das Buch an ihre Zeit in der Oderberger erinnert haben, und auch die umfangreichen Recherchen zu unserem Dokumentarfilm über die Oderberger Straße sind mit eingeflossen. Menschen, die das Leben in der Straße gut kennen, kommen hier zu Wort. Aber nun eins nach dem anderen. Springen wir hundertfünf Jahre zurück.

Nadja

1873: Eine Straße wird gebaut

Interessanterweise zeigt die Oderberger Straße gar nicht in Richtung Oderberg, der kleinen Stadt an der Oder kurz vor der Grenze zum heutigen Polen. Betrachtet man die Namen der umgebenden Straßen, so zeigt sich, dass sich die Städteplaner Ende des 19. Jahrhunderts, während eines beispiellosen Baubooms, zur Benennung der Straßen in diesem Viertel einen geografischen Abschnitt nordöstlich von Berlin ausgesucht haben. Anklamer, Bernauer, Choriner, Eberswalder, Kremmener, Schwedter, Stettiner und Swinemünder Straße – alle sind nach Dörfern oder kleinen Städten benannt, die zwischen Berlin und der Ostsee, zwischen Spree und Oder liegen. Nur zufällig zeigt die Anklamer Straße in die Richtung ihrer Namensgeberin. Die einzigen Ausnahmen sind die Kastanienallee und die Zionskirchstraße.

An dem Ende der Oderberger Straße, wo sich heute der Mauerpark mit all seinem Gewächs und Gewühle ausbreitet, steht 1873 ein Güterbahnhof. Kein durchgehender wie der Stettiner Bahnhof an der Invalidenstraße, sondern ein Kopfbahnhof. Davon hat Berlin einige zu dieser Zeit. Von Gesundbrunnen her fährt die Nordbahn ein und transportiert alles Mögliche in die stetig wachsende und pulsierende Metropole: Baumaterial, Tiere, Waren des täglichen Bedarfs, Lebensmittel und permanent neue Menschen, viele von ihnen aus Oberschlesien und Pommern.

Das kurze Stück der Oderberger Straße mit Stadtbad, um 1900.

So wird die Oderberger Straße von 1871 bis 1873 unter der preußischen Regierungskommission im Zuge des Stadterweiterungsplans als Verbindungsstück zwischen Schönhauser Allee und Bernauer Straße angelegt. Die Oderberger weicht, wie auch die schwesterliche Schwedter Straße, leicht sternförmig von diesem zu jener Zeit immer noch im Bau befindlichen Bahnhof in südöstlicher Richtung ab.

Einen signifikanten Unterschied zwischen den Straßen, die beide an nicht weit entfernten Stellen auf die Schönhauser Allee stoßen, gibt es jedoch: Die Oderberger ist nämlich die dicke kleine Schwester der zehn Jahre älteren Schwedter Straße. Nur knappe sechshundert Meter lang, dafür aber anderthalb mal so breit wie die Schwedter. Bequem passen hier die Pferdefuhrwerke zum Be- und Entladen der Güterzüge aneinander vorbei. Gemütlich kann man flanieren, anders als auf den sonst so engen Straßen mit dem anwachsenden Verkehr. Und weil so viele Menschen allerorts in die Hauptstadt quellen, schießen die Mietskasernen aus dem Boden wie Champignons nach einem warmen Sommergewitter. Der Prenzlauer Berg ist sehr bald der am dichtesten besiedelte Bezirk Berlins. Die Grundstücksbreite beträgt meist achtzehn Meter, die Traufhöhe der Häuser zweiundzwanzig Meter vom Boden bis zur Regenrinne. Dazwischen vier, manchmal auch fünf Geschosse mit jeweils zwei bis vier Wohnungen von fünfzehn bis neunzig Quadratmetern, je nachdem, ob Vorderhaus oder Hinterhaus, in denen jeweils drei- bis siebenköpfige Arbeiterfamilien in einfachsten Verhältnissen leben. Außentoiletten, Kohleöfen, eine Waschküche für alle im Erdgeschoss sind normal. Die größeren Wohnungen der ersten beiden Etagen der Vorderhäuser mit Dienstmädcheneingang hinter dem Berliner Zimmer im Seitenflügel sind den Privilegierten und Besserbetuchten vorbehalten. Meist reihen sich drei Hinterhöfe aneinander und oft gibt es kleine Remisen im hintersten Hof, in denen verschiedenste Handwerker ihre Arbeiten ausführen. Kerzenlicht und Gas erhellen die dunklen Treppenhäuser und Höfe – elektrischer Strom wird erst knappe vierzig Jahre später in die Häuser Einzug nehmen. Gaslaternen säumen auch den Rinnstein, in den die Bewohner Ausgüsse aller Art versenken. So auch in der Oderberger Straße.

Nadja

1883: Die Feuerwache

Enger und enger leben nun bald Millionen Menschen aufeinander. Die dicht beieinanderliegenden Dörfer oder Kleinstädte sind noch keine Bezirke von Berlin. Sie werden nach und nach integriert. Charlottenburg ist bis 1880 noch eine eigene kleine Stadt, ebenso Schöneberg.

Das Gebiet um die Oderberger Straße ist Teil der zur Stadt Berlin gehörenden Feldmark und wird erst 1920 zu Berlin eingemeindet. Doch die Struktur der Straßenbauplanung sieht ein kontinuierliches Flächennetz vor, welches sich Richtung Nord-Nordost ausbreitet und Straßen, Plätze und Betriebe zur städtischen Versorgung beinhaltet.

Der Bauboom startet gerade erst und noch ist nicht die ganze Straße mit Mietskasernen zugebaut, auch die Fassaden sind noch nicht einheitlich geschlossen. Vereinzelt stehen dreigeschossige Häuser mit flachem Dach oder niedrigem Dachstuhl in den Straßen, doch der akute Platzmangel und der steigende Wohnungsbedarf fordern, dass angebaut und aufgestockt wird. Und nach oben ist noch Luft … Selbst aus den Kellern werden bald Wohnungen. Die geschlossene Blockbauweise fünfgeschossiger Mietskasernen etabliert sich in der gesamten Innenstadt. Berlin wird 1871 zur Reichshauptstadt ernannt und vollgepumpt mit Geldern, die hauptsächlich aus der Kriegsentschädigung für den Deutsch-Französischen Krieg stammen.

Die »Weiße Abteilung« der Oderberger Straße, die Feuerwehr.

Wo so viele Menschen dicht aufeinander leben und so viel Gas und Kerzenlicht gebraucht wird, entstehen leicht Brände. Eine Feuerwache wird gebaut, auf dem Doppelgrundstück am Ende der Oderberger Richtung Mauerpark mit den Hausnummern 24/25. Sie entsteht 1883, in bisher bekannter Bauweise, ein sehr hübsch anzusehender Zweigeschosser aus sandfarbenem Klinker, mit fünf großen Toreinfahrten für die Spritzenwagen. Diese werden von Schimmeln gezogen, die der Feuerwehr gehören, was zu dieser Zeit eine Seltenheit ist. Die Wache in der Oderberger heißt »Weiße Abteilung«, wegen ihrer weißen Pferde und den weißen Lederriemen an den Helmen sowie dem weiß gekennzeichneten Löschgerät.

Das Gebäude wird in der Gründerzeit errichtet, die Fassade ist schlicht und ohne Schnörkel. Ein dezenter Dachsims und eine dekorative Mustersetzung durch andersfarbige Klinker über den Tor- und Fensterbögen sowie eine Zierleiste aus konträr gemauertem Muster zwischen Erdgeschoss und erstem Stock sind die einzigen auffälligen Elemente. Pompöse Ornamente, Figuren und Gesichter sind inzwischen passé für Dienstgebäude, eine moderne Zweckmäßigkeit hat sich durchgesetzt. Das Grundstück, das die Nummer 26 tragen würde, ist der Hof der Feuerwache und beherbergt weitere Gebäude: Einen Stall für die Pferde, eine Schmiede sowie einen Stellmacher für die Pferdewagen.

Meistens werden die Feuerwehrleute mit ihren Spritzenwagen zu Wohnungs- und Dachstuhlbränden gerufen, gibt es doch nur Kohleheizungen in den Mietshäusern. Die Bewohner des Prenzlauer Bergs haben eine gute Chance, bei einem Brand im Dach oder in der Wohnung das restliche Haus zu retten, da die Feuerwache gleich ums Eck liegt, was zu dieser Zeit gar nicht selbstverständlich ist.

Mehr als ein Jahrhundert wird diese am 25. November 1883 eröffnete Feuerwache der Stolz der Bewohner der Oderberger Straße sein. 2013 feiert sie als älteste sich noch in Betrieb befindende Wache der Berufsfeuerwehr von ganz Deutschland ihr hundertdreißigjähriges Bestehen.

Nadja

1902: Stadtbad Oderberger Straße

Ein junger Architekt, der gemeinsam mit seinem besten Freund ein Studium an der Kunstakademie Kassel beginnt und später an der Berliner Bauakademie abschließt, hat ein begnadetes Gefühl für Formen und Relationen. Sein erstes großes Projekt – ein gewonnener Wettbewerb – steht in Leipzig: das Anfang 1880 gebaute Reichsgerichtsgebäude. Seitdem rennen ihm die Investoren die Bude ein und wollen ihre Gebäude mit seinen Ideen und Entwürfen umsetzen lassen. Sein Name ist Ludwig Hoffmann, geboren 1852 in Darmstadt. Hoffmann wird 1896 zum Stadtbaurat von Berlin berufen und behält diesen Posten bis 1924. Seine architektonischen Ideen zeichnen und prägen bald Berlins Straßenbild und Silhouette, wie kein anderer Architekt dieser Zeit es vermag.

Sein beruflicher Gefährte heißt Alfred Messel und ist ihm auf dem Weg vom Entwerfen zum Umsetzen unentbehrlich. Ludwig Hoffmann ist verantwortlich für viele besonders schöne und architektonisch einzigartige Gebäude in ganz Berlin: Märchenbrunnen, Märkisches Museum, Möckernbrücke und Pergamonmuseum (hier war Messel der Architekt und Hoffmann sein Ausführer), um nur einige zu nennen, tragen seine Handschrift. Über dreihundert Gebäude entwirft und baut der Mann in seinem Leben, darunter viele Schulen und Krankenhäuser. Und eben auch das Oderberger Stadtbad.

Als Hoffmann um die Jahrhundertwende (1897–1902) die Volksbadeanstalt Baerwaldstraße in Kreuzberg baut, ist es das erste einer Reihe von Bädern in verschiedenen Stadtbezirken Berlins. Wie eingangs erwähnt, füllt sich Berlin stetig mit Neubewohnern und ist Anfang des 20. Jahrhunderts nach Los Angeles und London die drittgrößte Stadt der Welt mit knapp vier Millionen Einwohnern. Insbesondere die großen Arbeiterviertel wie Kreuzberg und Prenzlauer Berg erhalten eine soziale und hygienische Infrastruktur, die bitter nötig ist. Es soll allen Menschen gleichermaßen möglich sein, sich den Gestank der Straße und den Dreck der Arbeit vom Körper zu waschen. Außerdem soll es den vielen Kindern in den engen Mietskasernen ermöglicht werden, schwimmen zu lernen, sich zu entspannen und Spaß zu haben. Hoffmann ist kinderlieb und offen für diese Sichtweise und seine Architektur hat immer ein Bestreben, das einzubinden. Oft finden sich in den Bädern Elemente aus verschiedenen Epochen, verspielt, detailverliebt, sich immer wieder ausprobierend mit unterschiedlichen Materialen, Ornamenten, Figuren und Anordnungen. Ich erinnere mich an die handgeschmiedeten Geländer mit kleinen Fischen aus schwarzem Eisen, an die Kacheln im Boden mit schönem Muster, die auf die getrennten Duschen hinweisen … Details, für die es heute bei einem Neubau kaum Budget gibt. Damals, und das setzt Hoffmann eben auch durch, wird nach Ästhetik gebaut und nicht nur nach Geldbeutel. Deshalb sind seine Gebäude oft großzügig und luftig, orientieren sich an architektonischen Größen in Rom und Paris.

1899 wird das Stadtbad in der Oderberger Straße gebaut, welches dem Kreuzberger Baerwaldbad in Größe und Baustil folgt. Die geschmiedeten Fische in den Geländern wohnen auch hier. Die Besonderheit des Bades im Stil der Neorenaissance ist das vierteilige Kreuzgratgewölbe, welches an eine gotische Kathedrale erinnert und viel Luft zum Atmen lässt – ein weiterer Gegensatz zur engen Mietbaupolitik der Stadt.

Ein elementarer Unterschied zwischen beiden Bädern ist, dass das Bad in Kreuzberg an einer Ecke liegt. Das Oderberger Stadtbad hingegen fügt sich harmonisch in die Fassaden der umliegenden Mietskasernen ein. Stattlich sieht es aus mit seinen dreiundvierzig Metern, die die Breite von fast drei Mietskasernen einnehmen. Auch die Höhe entspricht den vier Stockwerken eines Mietshauses.

Unten wird geschwommen und sich gewaschen, oben wird gewohnt. Lehrer und Rektoren der dahinter liegenden Gemeindedoppelschule, ebenfalls von Hoffman gebaut, haben hier ihre Herberge. Die Torbögen rechts und links des Stadtbades führen Mädchen und Jungen getrennt zu ihren jeweiligen Schulen, die sich direkt hinter dem Stadtbad befinden.

Im Erdgeschoss und im ersten Stock gibt es nun endlich zahlreiche Duschen und Wannenbäder für die Bevölkerung des Bezirks und die werden reichlich genutzt. Bei der Bevölkerung besteht Bedarf nach Sauberkeit, da nur die Wohnungen der Beletage im Vorderhaus über ein Badezimmer verfügen. Vor allem am Wochenende bilden sich lange Schlangen vor dem Bad. Das Duschen und Wannenbaden ist zeitlich begrenzt, damit möglichst viele die Chance auf Körperhygiene bekommen.

Der Architekt Ludwig Hoffmann hat es wieder einmal geschafft, Architektur und Nutzen eines Gebäudes sinnvoll zu vereinen. Er weiß natürlich nicht, was mit seinem Stadtbad im Laufe des nächsten Jahrhunderts alles noch geschehen wird …

Nadja

Der Erste Weltkrieg

1910 hat Berlin sich wie ein Moloch aus Mietskasernen, Fabriken am Stadtrand und Bevölkerungsmassen, die hier leben und überleben, ausgebreitet. Es hört nicht auf.

Die Bevölkerungsdichte und die Anzahl der potentiellen Arbeitsplätze bedingen sich gegenseitig. Die Industrialisierung läuft auf Hochtouren. Zu dieser Zeit ist Deutschland der mächtigste Industriestaat Europas. Bahnbrechende Erfindungen auf naturwissenschaftlicher und medizinischer Ebene werden gemacht: Ein rasanter Aufschwung der Wissenschaft findet statt.

Berlin ist schon längst das finanzielle und strategische Herz des Kaiserreichs und hier findet sich auch die geistige und intellektuelle Elite, hier entwickeln sich die bildenden Künste und die Theaterszene stetig. Im benachbarten Prater direkt ums Eck in der Kastanienallee gibt es zum Bier auch Festivitäten und Schauspieldarbietungen, der Inhaber selbst steht oft auf der Bühne, es wird Platz gemacht für Unterhaltung. Diese ist einfacher Natur, die meisten Arbeiter können weder lesen noch schreiben. Seit 1891 werden im Prater auch von der politisch aktiven Arbeiterschaft die traditionellen Feste zum 1. Mai gefeiert, es werden Turn- und Gesangsvereine gegründet, die regen Zulauf haben. Zehn Jahre später ist die Wirtin das banale allabendliche Spektakel leid und beantragt die Lizenz zur Aufführung gehobener Kunst, wie z. B. Schillers »Kabale und Liebe«. Doch damit kann

Kiezbewohner, um 1915.

das Publikum sich nicht anfreunden und bleibt dem so beliebten Etablissement fern. Es wünscht sich Tingel-Tangel und Schmonzette zurück. Dem Prater bleibt nichts anderes übrig, als sich zu fügen, wenn er seine Existenz nicht gefährden möchte.

Doch ein großer Schatten legt sich bald über Berlin, über das Deutsche Reich und über ganz Europa. Der Erste Weltkrieg, der eben nicht nur in den Kolonien der hochgerüsteten Machtstaaten Europas zu spüren ist, sondern bald als Zweifrontenkrieg vor der eigenen Haustür stattfindet. Er wird in den großen deutschen Städten zum Teil mit offener Begeisterung aufgenommen, so bei vielen Gymnasiasten und Studenten. Bei den meisten anderen ist die Sorge über die kommenden Auseinandersetzungen groß.

Und auch hier hinterlässt die Industrialisierung deutlich ihre Spuren: Gusseisen braucht man jetzt nicht mehr für Töpfe und Kessel, sondern für Rüstungsartikel, Waffen und Munition. Tausende Züge verlassen Berlin in Richtung russische Grenze, vollgestopft mit Lebensmitteln und Kriegszubehör zur Versorgung der immer weiter nach Russland vordringenden deutschen Truppen. Eine logistische Schlacht beginnt: Der Krieg birgt durch seine technische Modernisierung auch eine enorme Brutalisierung und die Bevölkerung ist geschockt vom Massentöten an der Westfront, von unerbittlichen Materialschlachten und Mord mit Kalkül. Dieses riesige Leid führt nicht nur zu Hungersnöten und Versorgungsengpässen und damit zu steigenden Lebensmittelpreisen. Es führt auch zu fünfzehn Millionen Toten weltweit, zu Millionen traumatisierter und verstümmelter Kriegsheimkehrer, allein in Deutschland, und zu einer tiefen Depression, gespeist aus den Schicksalen der Menschen, die von diesem Kriegsapparat überrannt werden, ihn aushalten und seine Folgen ertragen müssen. Das ist die traurige Grunderfahrung des deutschen Volkes in dieser Zeit.

In den Prater zieht zum weiterhin reichlich fließenden Bier das neue Medium Film ein. Wer ein paar Groschen übrig hat, der kann sich eine kurze Ablenkung vom Alltag gönnen.

Nadja

1923–1945: Krise, Licht und Dunkelheit

Politisch hat sich seit dem Kriegsende 1918 eine Menge verändert. Der Krieg löst in vielen europäischen Ländern Revolutionen aus, die zur Veränderung des jeweiligen Herrschaftsgefüges führen, Umsturz ist ein großes Wort der Zeit – auch das Kaiserreich zerfällt, es folgen Machtkämpfe konkurrierender Parteien. Die Weimarer Republik wird ausgerufen und die Zerrüttung der Politik und die Nachwehen des Krieges lassen eine globale Wirtschaftskrise emporkommen. Die ohnehin schwankenden Erträge fallen nun teilweise oder sogar ganz aus. Die Kosten des Krieges werden umgeschlagen auf die Bevölkerung. Das mühsam erwirtschaftete Einkommen ist bald nichts mehr wert. Geld wird containerweise nachgedruckt: ohne jeden Gegenwert. Kostet ein Brot im Mai 1923 ganze 470 Reichsmark, so kostet es im Juli 1923 ungefähr 2.200 Reichsmark, im Oktober 1923 dann gleich vierzehn Millionen Reichsmark.

So wie überall im Land gewöhnen sich die Berliner schnell an, Arbeit gegen Ware oder Ware gegen andere Ware zu tauschen. Der Schuster wird besser mit zwei Litern Milch aus der kleinen Molkerei von nebenan oder mit zwei Dutzend Eiern von Hühnern aus dem dritten Hinterhof bezahlt. So ist es wohl auch in der Oderberger Straße, in der viele Kleinstbetriebe und Molkereien angesiedelt sind. Man möchte lieber mit Nahrungsmitteln als mit Reichsmark bezahlt werden. Das ist sicherer. Und man ist

Die Feuerwache zu ihrem 50-jährigen Bestehen im düsteren Jahr 1933.

froh, wenn man am Abend etwas zu essen auf dem Tisch findet. Wenigstens zieht nun 1924 flächendeckend das elektrische Licht ein in Berlin, auch in die Oderberger Straße. Der Mensch, der die Laternen abends anzündet und morgens auslöscht, muss sich nun eine neue Arbeit suchen.

Millionen Menschen verlieren ihr gesamtes Erspartes, sicher gewähnt bei den großen Banken des Landes, und sind nun sehr wütend auf die Finanzhäuser und die Regierung. Dieses wirtschaftliche Versagen und die politische Situation des »uneinigen Parlamentarismus« macht es den Nationalsozialisten um Adolf Hitler, dessen Partei NSDAP in Preußen verboten ist und der deshalb zunächst von München aus agiert, leicht, ihre politische Macht aufzubauen. Ein misslungener Putschversuch im November 1923 in München steigert seine Bekanntheit in Deutschland.

Hitlers großes Ziel heißt Berlin. Dort sitzen potentielle Financiers und jede Menge möglicher Wähler – die Arbeiter.

Stetig arbeitet die NSDAP daran, zu wachsen, sich auszudehnen und machtvolle Industrielle als finanzielle Unterstützer für ihre Politik zu gewinnen. So gehört zum Beispiel die Familie Bechstein in Berlin dazu, ebenso die Industriefamilien Thyssen und Flick und viele weitere. Die Nationalsozialisten brauchen für ihre Aufmärsche, ihr Propagandamaterial und die Ausstattung ihres Schlägertrupps SA viel Geld und Hitler geht früh genug auf Tuchfühlung mit den Wirtschaftsmagnaten, die ihm zehn Jahre später helfen werden, den Zweiten Weltkrieg zu finanzieren und davon reichlich profitieren.

Nach Hitlers Machtübernahme 1933 dauert es nicht lange, und in den Kneipen der Oderberger Straße tauchen SA-Schlägertrupps auf, die sich noch schnell einen antrinken, bevor sie auf Nachbarn einprügeln, mit denen sie vor drei, vier Jahren noch beim Bier zusammengesessen haben. Rote Fahnen verschwinden, NS-Gegner gehen in die Illegalität: In einem Hof neben dem Prater druckt die Zelle 65 des Kommunistischen Jugendverbandes Prenzlauer Berg ihre Plakate. Die Gestapo schleust Spitzel ein, bald fliegen die jungen Leute auf. Wer nicht fliehen kann, findet sich im ehemaligen KPD-Lokal auf der an die Oderberger grenzenden Choriner Straße wieder, das sich inzwischen in eine Folterhölle der SA verwandelt hat.

Ein letztes Mal kann ein Zeichen des Widerstands gesetzt werden: Am 1. Mai 1934 weht hinter dem Oderberger Bad, am Schornstein einer Brauerei zwischen Kastanienallee und Choriner Straße, die Rote Fahne. Ein Kuhstallbesitzer setzt eine Prämie für den aus, der sie herunterholt – vergeblich, denn die obersten Stufen am Schornstein sind angesägt. Die Fahne hängt bis zur Verwitterung.

Die Bewohner der Oderberger Straße sehen jetzt öfter Gestapo-Leute, manchmal auch in Zivil, die mit einem Lieferwagen an der Ecke Kastanienallee halten. Von dort aus holen sie Menschen aus den Häusern – und wer in ihren Lieferwagen gezerrt wird, kommt meist nicht wieder.

Es gibt auch den leisen Widerstand: Unweit der Ecke, an der Kastanienallee 22, werden in der Messias-Kapelle in den 1930er Jahren mehr als siebenhundert Juden und »Mischlinge« getauft, um sie zu retten – die große Mehrheit von ihnen wird dadurch der Deportation in die Vernichtungslager entgehen.

Von den Bomben auf Berlin bleibt die Oderberger Straße bis auf zwei Treffer verschont. Die Bomben, die das Stadtbad treffen sollten, zerstören die Häuser unmittelbar hinter und neben dem Bad. Als das Kriegsende mit dem Vormarsch der Alliierten naht, erlässt Hitler am 19. März 1945 den »Nerobefehl«, wonach im Reichsgebiet sämtliche Verkehrs-, Nachrichten-, Industrie- und Versorgungsanlagen zu zerstören sind, bevor sie dem Feind in die Hände fallen. Als kurz darauf auch in der Feuerwache Oderberger Straße der Befehl zum Absetzen kommt, zerstört das Personal trotz des Widerstands Einzelner fast die gesamte Technik.

Nadja

1945–1961: Irmgard Grätz

Die Liebe macht auch vor und zu Kriegszeiten nicht halt. Anders wäre das Elend überhaupt nicht zu ertragen. Im November 1939 wird das kleine Mädchen Irmgard Grätz geboren, ihre Eltern wohnen in der Oderberger Straße 42. Bei den Angriffen auf Berlin wird auch die Nummer 42 von einer Brandbombe getroffen. Der Vater der kleinen Irmi ist nicht zur Front eingezogen, sondern Brandwart in der Straße und hilft zusammen mit der Feuerwehr, den Brand zu löschen, und so bleibt das Haus erhalten. Welch ein Glück, eine Feuerwache gleich gegenüber zu haben.

Gegen Ende des Krieges ist die Versorgungslage dramatisch und die zunehmenden Luftangriffe sind für die Bevölkerung nur schwer auszuhalten, sodass sich Irmis Eltern entscheiden, sie und ihren kleinen Bruder zusammen mit den kranken Großeltern aufs Land zu schicken. Die Kinder bekommen den brutalen Häuserkampf der letzten Kriegstage nicht mit. Im Juni 1945, nachdem eine »grobe Nachkriegsnormalität« in die Trümmer eingezogen ist, kehrt die Familie zurück. Ihre Straße: weitgehend unversehrt! Bis auf einen großen Bombentreffer in den Hausnummern 55/56 stehen alle Häuser. Gott sei Dank ist nun Sommer, denn fast alle Fensterscheiben sind bei den permanenten Detonationen in der Umgebung zu Bruch gegangen. Insgesamt hat der Prenzlauer Berg bei der Schadensbilanz ganz gut abgeschnitten. Siebzig Prozent der Gebäude sind unversehrt

Irmgard Grätz (ganz links) und ihre Familie kurz nach dem Krieg.

oder nur leicht beschädigt. Die anderen dreißig Prozent sind zerbombte Ziele, die von der Wehrmacht oder der SS genutzt wurden oder die wirtschaftlich eine Rolle spielten.

Im September 1945 kommt Irmi in die Schule. Es gibt nicht viel in die Zuckertüte – die Nachkriegsjahre sind verdammt mager. Auch die Wohnsituation der Familie ist alles andere als gemütlich. Zu viert leben sie im Hinterhaus im Erdgeschoss in einer kalten Ein-Raum-Wohnung mit kleiner Küche und Außentoilette. Die Winter sind eiskalt und dunkel ist die Bude auch. Einziger Lichtblick ist ein junger Flieder im Hof, der dem düsteren Grau trotzig jedes Jahr aufs Neue seine zartseidenen Blüten entgegenstreckt.

Irmi spielt auf der Straße, denn Spielplätze gibt es hier nicht, die Straße ist breit und Autos fahren so gut wie keine. Kreidehüpfspiele, Roller fahren und Gummitwist mit den Kindern aus den umliegenden Häusern finden nach der Schule statt. Nur die vielen Betrunkenen, die am Nachmittag aus den zahlreichen Kneipen der Straße stolpern, ängstigen sie manchmal. Die Oderberger Straße liegt, wie der gesamte Bezirk Prenzlauer Berg, in der sowjetisch besetzten Zone. Die unzähligen Kneipen halten die Bevölkerung jedoch von der Aufbauarbeit ab, darum verschwinden viele Trinkhallen aus der Gegend. Es gibt trotzdem noch genug, um dem harten Berufsalltag und der strammen politischen Linie der jungen DDR zu entfliehen und sich die Probleme wegzutrinken.

Trotz Volkseigentum und großbetrieblichem Kollektivismus gibt es auch in der DDR noch Nischen für Selbstständigkeit, zum Beispiel im Einzelhandel. Es siedeln sich Bäcker, ein Schuster und kleine Drogerien in der Straße an, es gibt einen Farbenladen und einen Glas- und Porzellanverkauf und auch ein kleines Fotofachgeschäft, in dem alle Bewohner der Straße Passbilder machen und ihre Familienfotos entwickeln lassen. Als die Versorgungslage langsam besser wird, hat auch der Fleischer Lederle in der Nummer 52 wieder etwas anzubieten. Die zahlreichen Molkereien wie in der Nummer 45 und Hühnerzuchten haben nach dem Krieg nicht mehr zurückgefunden in die Hinterhöfe. Die gesamte Nutztierhaltung wurde zu Landwirtschaftlichen Produktionsgenossenschaften kollektiviert und aufs Land verfrachtet. Es herrscht trotzdem eine gewisse Gemütlichkeit und familiäre Atmosphäre in der Straße.

Irmgard wird erwachsen und zieht um ins Vorderhaus in den ersten Stock. Dort wohnt sie zur Untermiete bei einer alleinstehenden Frau, deren Mann nach dem Krieg von der sowjetischen Armee erschossen wurde, weil er den Nazis geholfen hat und vielleicht selbst einer war … Die Witwe fühlt sich allein in der großen Wohnung und tritt ein Zimmer ab. Doch verlässt sie bald darauf die DDR und zieht zu ihrer Westverwandtschaft. Irmis Familie bewirbt sich für die Zwei-Raum-Wohnung und bekommt diese auch – inklusive aller Möbel, die sie für fünfhundert Mark übernehmen dürfen. Ein seltenes Glück zu dieser Zeit. Irmgard wohnt noch ein paar Jahre mit ihrer Familie dort. Ihre Eltern und ihr Bruder ziehen nach und nach aus, und als Irmgard selbst zwei Kinder bekommt, bleibt sie mit ihrem Mann und ihrer eigenen kleinen Familie dort wohnen. Denn mit ihrem Bruder galt die Vereinbarung, wer zuerst heiratet und Kinder bekommt, der darf in der Wohnung bleiben. Das Tolle daran ist: Irmgard Grätz lebt heute, 2017, immer noch in dieser Wohnung in der Oderberger Straße 42.

Doch vor der Geburt ihrer Kinder gibt es einen tiefen Einschnitt in das Leben aller Bewohner Berlins, der besonders das Leben der Menschen in der Oderberger Straße verändern und belasten wird.

Freya

1961: Der Mauerbau

In den Nachtstunden zum 13. August 1961 beginnen bewaffnete Einheiten der DDR-Grenzpolizei, Straßen aufzubrechen, um Sperrzäune zu errichten. Quer durch Berlin kommen Pressluftbohrer zum Einsatz und reißen anliegende Bewohner an diesem Sonntag früh aus dem Schlaf. Entsetzt starren die Berliner auf kilometerlang ausgerollten Stacheldraht, auf Panzersperren.

Bewacht wird die historische Untat von bewaffneten Angehörigen der Kampfgruppen – paramilitärische Einheiten aus Betrieben und anderen staatlichen Einrichtungen.

Dieser Sonntag wird für immer in die deutsche Geschichte eingehen. Denn am 13. August 1961 teilen die DDR-Funktionäre um Walter Ulbricht mit Billigung der Sowjets die Stadt Berlin mit einer 155 Kilometer langen Sperranlage in zwei Hälften. Die drei Westsektoren werden vom Ostsektor und dem brandenburgischen Umland komplett isoliert – gestoppt werden soll damit die Massenflucht aus der DDR.

Schon 1952 wurde die Demarkationslinie zur Bundesrepublik undurchlässiger – eine Reaktion auf die Unterzeichnung des Deutschland-Vertrages, mit dem der Bundesrepublik von den westlichen Alliierten mehr Souveränität eingeräumt wurde. Die bis dahin »grüne Grenze« wurde eine eiserne – der Osten abgeriegelt durch Stacheldraht und Sperrzonen. Von diesen Maßnahmen war auch Berlin betroffen: Führten bis Mai 1952 noch

Mauerbau 1961. Auch die Maurer stehen unter Fluchtverdacht.

insgesamt 178 Straßen von West-Berlin nach Ost-Berlin und ins brandenburgische Umland, so sperrten die DDR-Behörden nun weitere 63 Straßen. Die West-Sektoren wurden weitgehend abgeriegelt, und beim Überschreiten der innerstädtischen Sektorengrenze war mit Kontrollen zu rechnen.

Dennoch, komplett dicht war die Grenze damit keineswegs: Die Viermächtestadt Berlin blieb noch immer ein Schlupfloch, durch das eine Flucht nach West-Berlin mit der S-Bahn oder über die noch offenen Straßenübergänge relativ gefahrlos möglich war.

Das ändert sich mit dem 13. August 1961 auf brutale Weise. Zu den erschütterndsten Orten der innerstädtischen Spaltung gehört die Bernauer Straße. Über den gesamten Straßenverlauf von der Ecke Eberswalder/Oderberger/Schwedter Straße bis hinüber zur Gartenstraße zieht sich die Grenze zwischen dem sowjetischen und dem französischen Sektor, die identisch ist mit der alten Stadtbezirksgrenze zwischen Mitte und Wedding. Nun verläuft die Grenze auf absurde Weise durch die gesamte Straße: Die Mietshäuser auf der Nordseite der Bernauer sowie die Fahrbahn und beide Gehwege gehören zu West-Berlin – mit der Hausfront der südlichen Mietshäuser aber beginnt Ost-Berlin. Beugt sich der Mieter eines südlichen Mietshauses also am 14. August 1961 aus dem Fenster, atmet sein Kopf die Freiheit … während sein Hintern fest im Osten steckt.

Dieser Zustand hält nicht lange vor: Verzweifelt, dann aber wild entschlossen, verlassen viele Mieter ein letztes Mal ihre Häuser und retten sich in die Freiheit. Daraufhin werden die Hauseingänge zugemauert. Nun klettern Mieter panisch aus Parterre-Fenstern, seilen sich von höheren Etagen ab oder springen aus den obersten Stockwerken in bereit gehaltene Sprungtücher der West-Berliner Feuerwehr. Das Ganze unter den Blicken mitfiebernder Zuschauer. Sie jubeln, wenn eine Flucht geglückt ist, doch gibt es bereits hier die ersten Todesopfer.

Rücksichtslos werden die Wohnungen der Bernauer Südseite zwangsgeräumt, die Fenster zugemauert. Auch für die Straßenbahn, die bisher in die Eberswalder einbog, ist jetzt hier Schluss.

Ganz unmittelbar betroffen vom Mauerbau sind auch die Bewohner der Oderberger und der angrenzenden Schwedter Straße. Jugendliche wie Jürgen Grätz – der spätere Mann von Irmgard – gingen vor dem August 1961, wenn sie etwas Westgeld ergattert hatten, öfter rüber ins Kino auf der Bernauer Straße. Meist in der Clique. Noch gab es einen regulären Durchgang, und die Bewohner der Oderberger Straße wurden nur selten angehalten. Die meisten kehrten abends brav in ihre Familien zurück. Wer konnte denn ahnen, dass das eines Tages nicht mehr oder nur noch unter Lebensgefahr möglich sein würde?

Anfangs wirkt die Abriegelung zwar provisorisch, aber dennoch bedrohlich: Stacheldraht wird vor den Nasen der Bewohner ausgerollt und überall stehen breitbeinig Männer mit Waffen. Und jeden Tag gibt es ein neues Übel: Bauarbeiter rücken an und ziehen eine Mauer hoch, mit Mörtelkellen. Glücklich sehen sie dabei nicht aus, weshalb auch sie von Grenzern und Vopos (Volkspolizisten) scharf bewacht werden; eine Flucht der Maurer gilt es zu verhindern.

Die Mauer am Oderberger Eck, mit einem lockeren Stacheldrahtaufsatz, ist zunächst nicht allzu hoch. Sofort errichten West-Berliner ein Holzpodest: So können Freunde und Verwandte einander zuwinken – und mit ihnen viele Fremde auf beiden Seiten, die den Ulbricht-Staat hassen.

Um das leidvolle Winken zu beenden, wird im Osten eine zehn Meter hohe Bretterwand gezogen. Die Aussichtsplattform – nun mit Stahlgerüsten – wächst darüber hinaus. Und wieder wird einander sehnsuchtsvoll zugewinkt. Allerdings sorgt auf der Ostseite nun permanente Polizei-Präsenz dafür, dass die Winkenden-Ost sich unauffällig in Hauseingänge verdrücken.

Man hofft auf die Amerikaner und Briten, man hofft auf ein Wunder.

Freya

1961: Kanalflucht im Oktober

An der noch provisorischen Mauer setzt sich ein großer Einfallsreichtum frei, wie man das Ungetüm überwinden könnte. Einer der ersten Fluchtversuche findet direkt unter der Grenzanlage an der Oderberger Straße statt.

Als in der Meisterschule für Grafik, Druck und Werbung in Berlin-Charlottenburg im September 1961 das Herbstsemester beginnt, herrscht große Bestürzung: Rund ein Drittel der Studenten und des Lehrkörpers gelangt nicht mehr an ihren Studienort, weil sie in Ost-Berlin oder an einem anderen nun abgesperrten Ort der sowjetischen Besatzungszone wohnen! Wie könnte man die Fluchtwilligen unter ihnen rüberholen?

Im Studentenparlament, zu dem sich nun auch die Professoren gesellen, wird eine Fluchthilfegruppe gegründet, bestehend aus neun Studenten. Ihr gehört der bereits aus dem Osten geflohene Student Eberhard Matthies an, der die Gruppe koordiniert. Auch sein italienischer Kommilitone Donatello Losito wird mit von der Partie sein. Er ist besonders geeignet, denn mit seinem italienischen Pass kann er problemlos vom West- in den Ostsektor und wieder zurück wechseln. Donatello kommt damit der vielleicht gefährlichste Part unter den Fluchthelfern zu.

Rasch gehen die Studenten in die Planung: Die Gruppe hat sich für eine Flucht durch die Kanalisation entschieden. Denn mit dem Mauerbau wurde bereits alles Mögliche in der Groß-

Unter dieser Ecke liegt der Zufluss Oderberger Straße.

stadt Berlin getrennt – Menschen, Straßen, Häuser und Gärten, Straßenbahnen und Telefonverbindungen … Doch die Abwasserentsorgung lässt sich nicht trennen. Und genau darin sehen die Kunststudenten ihre Chance.

Da der Fluchtweg durch die stinkende Brühe möglichst kurz sein soll, fassen sie die Kanalisation unter der Grenzanlage Bernauer Straße ins Auge. Im Landesarchiv Berlin fotografieren zwei von ihnen heimlich die Pläne des Entwässerungsamtes aus der Kaiserzeit, auf denen die exakten Laufrichtungen der Fäkalienabwässer abgebildet sind. Dann macht sich Donatello Losito auf den Weg in den Ostteil der Stadt, um einen passenden Gully-Einstieg auszukundschaften. Für besonders geeignet halten sie schließlich einen am Zusammenfluss der Eberswalder und der Oderberger Straße, also nicht weit von der Grenzanlage entfernt. Donatello kontaktiert Kommilitonen und Dozenten, die bereit sind, die riskante Flucht durch die Kanalisation zu wagen. Zehn werden es sein, einige mit Angehörigen.

Akribisch wird nun die Flucht vorbereitet: Zum Anheben der etwa sechzig Kilogramm schweren Gullydeckel dies- und jenseits der Sperranlage fertigen die Studenten stabile eiserne Haken an. Den genauen unterirdischen Weg entnehmen sie den Plänen des Entwässerungsamtes: Man kommt nur dann im Wedding heraus, wenn man unbeirrt mit dem Wasser läuft. Auch die Höhenunterschiede der Abwasser-Rohre sind groß, sie schwanken zwischen 1,10 Meter und 1,90 Meter.

Der niedrigste Abschnitt befindet sich am Einstieg in der Eberswalder Straße. Das ist nichts für Menschen, die zu Panik neigen, man kommt hier nur sehr geduckt voran. Beim Zufluss der Röhre Oderberger Straße erweitert sich die Höhe dann auf 1,70 Meter.

Doch fließen die Abwässer hier tatsächlich Richtung Bernauer Straße? Berlins Kanalisation ist ein riesiges labyrinthisches Werk mit ständigen Zuflüssen und Abflüssen und vielerlei Verästelungen. Die Fluchthelfergruppe erkennt auf den abfotografierten Plänen, dass die Entwässerungsgebiete wabenartig aufgeteilt sind und die Eberswalder, Oderberger und Bernauer Straße zur selben Wabe gehören. Da müsste ein Irrtum ausgeschlossen sein.

Sicherheitshalber starten die Studenten einen Test: Sie füllen einen Kanister mit Wasser und mischen ihm sieben Reagenzgläser Eosin bei, einen leuchtend roten Teerfarbstoff.

Und wieder fährt Donatello Losito mit seiner Vespa rüber; am Gully kippt er unbemerkt den leuchtend roten Inhalt des Kanisters in die Tiefe. Am Ausstieg wiederum, etwa vierhundert Meter hinter der Sperranlage und von DDR-Grenzern nicht zu sehen, warten die Mitverschwörer. Und als dann nach vierzig Minuten eine rotbraun gefärbte Jauche heranschwimmt, löst diese ein wahres Freudengeheul aus. Es klappt!

Nun erkunden die Mannen um Eberhard Matthies die Fäkalienröhren leibhaftig von der Westseite aus. Dabei stoßen sie unter den Grenzanlagen plötzlich auf ein Metallgitter. Von oben fällt Licht ein, der Gullydeckel ist ein wenig geöffnet. Hier ist allergrößte Vorsicht geboten beim Passieren. Das Gitter reicht glücklicherweise nicht bis zum Boden, man kann darunter durchtauchen.

Soll die Flucht gelingen, muss die Gruppe auf jede Kleinigkeit achten. Am Einstiegsgully in der Eberswalder Straße stellt Eberhard Matthies von unten fest, dass es im Mauerwerk Krampen zum Hoch- und Runterklettern gibt. Doch die Gullys im Grenzbereich werden von Vopos regelmäßig kontrolliert. Die Uniformierten kommen, leuchten den Tiefraum ab und gehen dann weiter. Die Fluchthelfer müssen den Rhythmus der Kontrollen herausfinden. So arbeitet sich Student Matthies, im Wechsel mit seinen Mitstreitern, vom Westen aus mehrfach durch die stinkende Brühe unter der Grenzanlage hindurch Richtung Osten. Wird der Einstiegsgully von oben abgeleuchtet, steht er unten im Sichtschatten und führt Protokoll: Die Kontrollabstände betragen jeweils etwa vierzig Minuten und es scheint stets derselbe Vopo zu sein.

Dann wird es ernst: Die Studenten wählen die Nacht vom 23. zum 24. Oktober. Sie hoffen inbrünstig, es möge nicht stark regnen, damit der Pegel in den Abwasserkanälen nicht gefährlich ansteigt.

Auch die beiden eingeweihten Professoren geben nach den akribischen Vorbereitungen grünes Licht: Sie wurden bisher über jeden Schritt auf dem Laufenden gehalten.

Das Gelingen der Flucht hängt nun vor allem von Donatello Losito ab. Am Tag zuvor holt der noch seine Schwester Tiziana, die in Ost-Berlin Medizin studiert, aber auch die DDR verlassen will, mit einem Pass-Trick rüber.

Für den Abend des 23. Oktober hat sich der Italiener zur Tarnung eine Karte für die Staatsoper Berlin gekauft. So hat er ein Alibi für den Fall, dass er angehalten und gefragt wird, wieso er in Ost-Berlin herumstreift.

Gegen Mitternacht geht es endlich los: Die Fluchtwilligen warten in verschiedenen Hauseingängen in der Eberswalder Straße. Einzeln oder in Zweiergruppen werden sie in der Dunkelheit an den Gully geführt, dessen Deckel Donatello mit einem der Flüchtlinge zur Seite gehoben hat. Zügig steigen sie in die Tiefe, wo sie ein Fluchthelfer in Empfang nimmt. Es sind Kommilitonen der Meisterschule, dazu ein Dozent mit Frau und Sohn und ein Ehepaar.

Doch plötzlich stockt der Fluss: Als der Dozent in die Tiefe schaut, wird er panisch und flüstert: »Ich kann nicht, ich kann das nicht! Ich habe Stalingrad überlebt, ich kann da nicht runter …« Er läuft weg, Frau und Sohn hinterher.

So steigen nur sieben Flüchtlinge hinab in die Welt der Fäkalien – angehalten zu strengstem Schweigen, denn in den Röhren hallt es ungemein. Unten angekommen, werden sie von einem weiteren Fluchthelfer empfangen; oben wiederum schwingt sich Donatello Losito auf seine Vespa und entschwindet nach West-Berlin. Dass der Deckel offen bleibt, wird erst bei Tagesanbruch bemerkt werden.

Schweigend und tief gebückt waten die sieben Flüchtlinge durchs Abwasser, können sich erst am Abzweig Oderberger Straße weitgehend aufrichten. Dann sehen sie vor sich das in die Tunnelröhre eingebaute Stahlgitter. Sie sollen sich nicht fürchten, flüstert ihnen Eberhard Matthies zu, der sie hier erwartet: Unterhalb des sichtbaren Teils ist ein knapper halber Meter unvergittert, damit angeschwemmte Gegenstände die Röhre passieren können.

Nun folgt eine Taufe, welche die Flüchtlinge ihr Leben lang nicht vergessen werden: Student Matthies nimmt jeden Kopf und taucht ihn durch die Fäkalienbrühe unter dem Gitter hindurch auf die Westseite. Dort werden sie vom nächsten Fluchthelfer in Empfang genommen. Auch Matthies Kopf verschwindet ein letztes Mal im Abwasser. Sollten sie es geschafft haben?

Ein paar hundert Meter weiter klettern Fluchthelfer und Flüchtlinge klitschnass und stinkend, doch überglücklich aus der Kanalisation. Fluchthelfer Hans Halter hat einen VW-Bus gemietet: Darin verschwinden die neuen Mitbürger. Es geht zur nächsten Polizeiwache und von dort ins Aufnahmelager Marienfelde.

Die West-Berliner Studenten der Meisterschule für das Kunsthandwerk haben neben Mut und Intelligenz auch eine große Portion Glück bei ihrer Aktion: Keine unvorhersehbare Kontrolle wird auf sie aufmerksam und kein Regenguss lässt das Abwasser in den Röhren ansteigen. Doch wird die Flucht tags darauf von Grenzern entdeckt – der Gully-Deckel auf der Eberswalder Straße steht offen. Nun wird der Durchschlupf unter dem Gitter zugemauert.

Die Fluchthelfer der Meisterschule werden, vorwiegend mit umgebauten Autos, noch weitere Kommilitonen und ihre Angehörigen über die Grenze schleusen. 1963 lösen sie ihre Gruppe auf. Doch ist zwischen ihnen eine Freundschaft entstanden, die noch Jahrzehnte halten wird.

Freya

1963: Der Tunnel

Auch in den Jahren nach dem Mauerbau kommen die Bewohner Berlins nicht zur Ruhe. Noch immer hält die Fassungslosigkeit an: Was für ein Irrsinn, diese geschichtsbeladene Großstadt, in der Verwandtschaften und Freundschaften, Verkehrswege und Lebensgeschichten tief miteinander verbunden sind, durch eine tödliche Grenze zu trennen!

Der von den Sozialisten scharf kalkulierte Coup schafft Zorn und Widerstand weit über Berlin hinaus, in der freien Welt herrscht Empörung, selbst Kreml-Chef Nikita Chruschtschow ist nicht eben glücklich mit dieser Lösung beim Kampf gegen die freie Welt.

Unter den jungen Leuten in West-Berlin entfaltet sich ein großer Einfallsreichtum, wie das Ungetüm aus Stein und Stacheldraht über- bzw. unterwunden werden könnte.

Parallel zur Meisterschule für Grafik, Druck und Werbung bilden sich auch an der Technischen Universität und an der Freien Universität in West-Berlin studentische Fluchthilfeorganisationen; eine nennt sich frech »Unternehmen Reisebüro«. Und im Unterschied zur nachfolgenden Studentengeneration, die die DDR, statt sich mit ihr zu beschäftigen, peinlich verklärt, haben die Studenten von 1961 noch einen klaren Kompass, was Recht und Freiheit betrifft. Der aus der DDR geflohene Schriftsteller Uwe Johnson wird später mehrere von ihnen interviewen.

Originaltunnel und geplanter Ausstieg, 1963.

Fluchten durch das verzweigte Netz der Kanalisation setzen sich fort – eine davon unweit der Oderberger, in der Gleimstraße. Doch sie glücken immer seltener: Die Sperrgitter in den Abwasserröhren werden so vertieft, dass ein Durchtauchen schon bald nicht mehr möglich ist. Jämmerlich scheitert eine Flucht durch die Kanalisation, weil die aufgeregten Menschen viel zu laut in den hallenden Röhren agieren und dadurch entdeckt werden: Gullydeckel werden von Vopos aufgerissen, Tränengas-Granaten nach unten geworfen, die ächzenden Flüchtlinge dann einzeln rausgeholt.

Das Graben von Tunneln nimmt zu. Und hier rückt 1963 wieder die Oderberger Straße ins Blickfeld: Am Güterbahnhof hinter der Mauer, für Ost-Berliner nun nicht mehr erreichbar, treffen sich fast täglich Fluchthelfer, um Pläne zu schmieden.

Ist die Zeit nicht schon vorbei für Fluchtunternehmen? Die Ost-Seite kennt inzwischen die meisten Tricks, und nicht nur das: Sie mischt auch zunehmend Spitzel unter die Fluchthelfer.

Für Wolfgang Holzapfel, einen neunzehnjährigen Politaktivisten aus West-Berlin, sind Protest und Fluchthilfe noch keineswegs vorbei – er gesellt sich am Güterbahnhof dazu.

In der Szene ist er bekannt als gewaltloser Demonstrant gegen die Mauer – über zweiundsiebzig Stunden hat er bereits einen Sitz- und Hungerstreik durchgehalten, hat mit Holzkreuzen der ersten Mauer-Toten gedacht und mehrfach versucht, die UNO zum Eingreifen wegen der Morde an der Mauer zu bewegen.

Am Güterbahnhof hat im Mai 1963 gerade eine Gruppe mit dem Graben eines Tunnels begonnen: Sechs Meter in die Tiefe soll er gehen, unter den Sperranlagen hindurch. Und enden soll er in einem Schuppen im Hof jenes Hauses an der Ecke Oderberger/Eberswalder Straße, in dem der Klub der Volkssolidarität untergebracht ist.

Für den gewaltlosen Aktivisten Holzapfel ist das ein glaub-
würdiger Vorgang, der Kampf findet ja lediglich mit einem Spa-
ten im Erdreich statt. Zum Eckhaus Oderberger Straße sind es
nur sechzig Meter, doch so schwierig hat sich Wolfgang Holzapfel die Aktion nicht vorgestellt. Man kommt im Lehmboden
mitunter nur zentimeterweise voran, muss die Erde mehr ab-
schaben als wegschaufeln. Sie haben einen Offizier von der Bun-
deswehr dabei, der sich im Stollenbau auskennt. Er zeigt ihnen,
wie die Pfeiler zu setzen sind und die Abstützungen.

Die Fluchthelfer vergattern sich, nur zu flüstern und Geräusche aller Art möglichst zu vermeiden. Sie kommen nur sehr
langsam voran, aber immerhin vorwärts. Doch es ist anstrengend.
Der abgekratzte Lehm muss in einer Wanne mühsam Richtung
Westen gezogen werden. Der Tunnel ist jedoch so niedrig, dass
man sich nur gebückt darin bewegen kann. Und weil es stickig
und warm ist, arbeiten die Männer mit freiem Oberkörper. Beim
Transport der Wanne stößt der Neunzehnjährige ständig mit der
Wirbelsäule an die Querbalken über ihm, die Haut ist bald wund
und aufgeplatzt, doch da muss er jetzt durch.

Nach einigen Wochen erfolgt der präzise Durchbruch im
Holzschuppen vor der großen Mauerwand im Hinterhof der
Volkssolidarität Oderberger Straße. Alles könnte jetzt gut aus-
gehen, hätten die Fluchthelfer nicht einen schweren Fehler be-
gangen, der nur am Anfang das Zeug zu einer Schmonzette hat:
Der Bundeswehr-Offizier – ein junger Mann, der fleißig und
kompetent mitbuddelt – ist zugleich der Kurier, der die Verbindung zu den Fluchtwilligen im Osten hält. Und bei der Gele-
genheit verliebt er sich in eine Frau und landet mit ihr im Bett.

Die Frau ist verheiratet, mit einem Grenzoffizier. Doch auch
sie genießt das Fremdgehen. Der Bundeswehr-Offizier deutet
an, er könne sie rüberholen, er arbeite gerade an einem unter-

West-Blick in die Oderberger Straße, sechziger Jahre.

irdischen Fluchtweg. Nein, abgeneigt ist die Frau nicht. Doch als ihr uniformierter Gatte ihre Untreue aufspürt, dreht sie den Spieß um: Sie habe diese Bettgeschichte eingefädelt, um mehr über die feindliche Tunnelgeschichte zu erfahren. Eine operative Maßnahme sozusagen.

Spätestens hier verwandelt sich die Schmonzette in ein Trauerspiel: Der Tunnel fliegt auf, bevor auch nur ein Flüchtling ihn passieren kann. Der Bundeswehr-Offizier wird gegriffen und in die Stasi-Mangel genommen. Dabei gibt er Namen und Adressen der Fluchtwilligen preis, es werden einundzwanzig Menschen verhaftet.

Demonstrativ wird der Tunnel nun aufgerissen, von der Mauer bis in den Hinterhof Oderberger Straße. Er wird mit Beton zugegossen.

Freya

1963/64: Bewegung über
und unter der Erde

In den Jahren unmittelbar nach dem Mauerbau gab es am Oderberger Eck zwischen Grenzern und Fluchthelfern nachts den
einen oder anderen Plausch über die Mauer hinweg und die
Westler reichten schon mal die eine oder andere Zigarette rüber.

Das ist vorbei: Die Sperranlage wurde inzwischen deutlich
verbreitert, auch, um die eigenen Grenzer daran zu hindern, ab-
zuhauen. Im Osten schwindet die Hoffnung auf Freiheit. Resig-
niert schleichen die Bewohner der Grenzstraßen in ihre maroden
Häuser.

Und plötzlich passiert etwas Unerwartetes: Ein erstes Pas-
sierscheinabkommen ermöglicht zum Jahresende 1963 mehr als
700.000 West-Berlinern, ihre Verwandten im Ostteil der Stadt
zu besuchen. Das gilt vom 19. Dezember 1963 bis zum 5. Januar 1964 für jeweils einen Tag, den man aber in diesem Zeit-
raum wiederholen kann. Nach achtundzwanzig Monaten ohne
persönlichen Kontakt stürzen die getrennten Familien einander
weinend in die Arme. Sie hoffen sehr auf eine Fortsetzung des
Abkommens.

Doch herrscht nicht nur über der Erde Bewegung, sondern
auch wieder einmal darunter: Nicht weit vom Grenzabschnitt
Eberswalder/Oderberger/Schwedter Straße startet 1964 eine
weitere spektakuläre Tunnelflucht, bei der siebenundfünfzig
Menschen unter der Grenze hindurch geschleust werden. Der

Grenzeck Bernauer/Oderberger/Eberswalder Straße, 1967.

Tunnel 57 ist der wohl berühmteste Grenz-Tunnel – er ist 145 Meter lang und endet unter einer ehemaligen Bäckerei in der Bernauer Straße. Mitfinanziert wurde er vom Chefredakteur des »STERN« Henri Nannen. Und einer der Fluchthelfer ist Reinhard Furrer – späterer Astronaut und Professor für Raumfahrttechnologie an der FU Berlin.

Geplant ist, etwa ein- bis zweihundert Menschen rüberzuholen. Doch nachdem siebenundfünfzig Flüchtlinge durchgeschleust sind, wird der Tunnel plötzlich verraten: Zwei Männer erscheinen gegen Mitternacht am Einstieg, der sich im Hausflur der Strelitzer Straße 55 befindet. Doch sie kennen das Losungswort »Tokio« nicht, das sie als Fluchtwillige erkennbar machen soll. Das Drama nimmt seinen Lauf. Zwei Grenzsoldaten kommen hinzu, und nun beginnt ein Schusswechsel, bei der ein

Fassungslos schaut Bürgerrechtler Martin Luther King in den Osten, 1964.

Fluchthelfer mit der Pistole in die Dunkelheit feuert, einer der Grenzer mit seiner Kalaschnikow zurückschießt. Nach wenigen Sekunden liegt der Unteroffizier der Grenztruppen Egon Schultz sterbend am Boden.

Egon Schultz wurde von einem Fluchthelfer verletzt, getötet aber aus Versehen durch eine Kugel seines eigenen Kameraden. Dieser Obduktionsbefund wird bis zum Untergang der DDR streng geheim bleiben. Den Tod des jungen Grenzers durch West-Berliner »Agenten und Mörder« schlachtet die SED dagegen propagandistisch aus und erhebt Schultz zum Volkshelden der DDR: Schulen werden nach ihm benannt, ein Wehrlager, Brigaden, Kasernen und eine Straße in Berlin-Mitte.

Der Erfolg und die Tragödie des »Tunnels 57« erschüttern viele, besonders aber die Bewohner in Grenznähe. Sie kommen nicht zur Ruhe. Immer noch werden Fenster zugemauert, geräumte Gebäude in Mauernähe abgerissen, politisch Unzuverlässige weggesiedelt. Und zielgerichtet schaffen die Grenztruppen ein »freieres Schussfeld«.

Der Verwandten-Ansturm im Osten mildert den Druck der Berliner, einander über die Mauer hinweg zuzuwinken. Die meisten Aussichtsplattformen an der Grenze werden nun abgebaut, auch an der Bernauer Straße. Nur jene im Oderberger Eck bleibt – dort, wo sich auch die Gedenkkreuze für die Mauer-Toten befinden und man einen guten Blick auf die Sperranlagen hat. Sie bleibt nicht nur, sie wächst sogar: 1964 lässt der Regierende Bürgermeister Willy Brandt hier eine so hohe Aussichtsplattform aus Stahl aufziehen, dass man auf ihrem obersten Podest weit über die Sichtblenden hinweg in die Schwedter, Oderberger und Eberswalder Straße schauen kann.

Der Ort ist ein Politikum: Für Besucher aus der westlichen Welt gehört der Blick in den trostlosen Osten schon bald zum Touristen-Programm. Auch Staatsgäste interessieren sich für das Schicksal der Eingemauerten.

So steht im September 1964 denn auch der Baptistenpfarrer und Bürgerrechtler Martin Luther King auf der Aussichtsplattform. Der Anblick ist gespenstisch: Unterhalb des Metallgestänges klafft der Todesstreifen, dahinter die hochgezogene Bretterwand, die nun jedoch keine Sicht mehr verwehren kann. In den Eckhäusern sind die Fenster vermauert. Auf den drei Straßen, die vor ihm zusammenlaufen, sieht er nur wenige Menschen.

Der amerikanische Gast hat eine spontane Idee: Mit Hilfe des Ost-Berliner Generalsuperintendenten und ein paar protokollarischen Tricks gelingt ihm am Nachmittag der Eintritt in die Sowjetzone. Er predigt in zwei überfüllten evangelischen Kirchen Ost-Berlins. Und sein Satz »Keine von Menschen gemachte

Mauer kann Gottes Kinder trennen!« hallt weit über die Kanzel hinaus und bleibt im Gedächtnis vieler Deutscher.

Im Schatten der Mauer macht sich erste Gewöhnung breit. Auch die Bewohner der Oderberger beginnen, sich in das zu fügen, was offenbar nicht mehr zu ändern ist. Sie haben genug mit sich zu tun, kämpfen mit Versorgungsengpässen und ihren maroden Behausungen. Der Prenzlauer Berg verfällt sichtbar, die ersten einsturzgefährdeten Balkons werden abgerissen.

Tristesse legt sich über die Einheitsgesellschaft, auch über die Oderberger Straße und ihre beiden Leidensschwestern. Düster wirken die Fronten der Vorderhäuser, in den Hinterhöfen sieht es nicht besser aus. Viele Wohnungen stehen inzwischen leer, gelten als nicht mehr bewohnbar. Und nun passiert etwas bei der kommunalen Wohnungsverwaltung, das man ihren Mitarbeitern nicht zugetraut hat: Sie vergeben in einigen Straßen des Prenzlauer Berges kleine Wohnungen an Studenten – mit der Auflage, für den Erhalt dieser Wohnungen und eine Verbesserung ihrer Bausubstanz zu sorgen.

Der Wohnungsmangel in der DDR ist außerordentlich groß, selbst in Berlin; jeder Student jubelt, sobald er ein Dach über dem Kopf hat. Auch, wenn er erstmal eine Schüssel aufstellen muss, weil es durchs Dach regnet. Selbst winzige Löcher in der Oderberger Straße bzw. in der Oderberger Sackgasse werden von Studenten mit Kusshand genommen. Doch auch inoffiziell siedeln sich kreative Geister an. Dadurch entsteht allmählich eine besondere Mischung unter den Bewohnern. Zeit wird es also, sich einige dieser Häuser näher anzuschauen.

Freya

1968: Wenn Thälmann
das wüsste …

Karl-Adolf Zech, ein Thüringer Student für Mathematik, sucht 1968 dringend eine Bleibe. Die studentische Wohnungsvermittlung der Humboldt-Universität bietet ihm ein mieses Loch in der Bergstraße an – für Zech völlig inakzeptabel. Doch er hat einen Gegenvorschlag, wie er sich noch einmal erinnert: »Neben der Post in der Eberswalder Straße wohnte eine Bekannte in einer Studentenbude – Zimmer, Küche, Außenklo. Über ihr, so meinte sie, stehe eine ähnliche Wohnung schon lange leer. Das klang gut!«

Student Zech, den seine Freunde nur Ali nennen, bewirbt sich bei der Kommunalen Wohnungsverwaltung (KWV) um die Wohnung, holt sich dort aber eine Abfuhr: Die Wohnung werde für einen Betrieb freigehalten, heißt es. Gleichzeitig bietet ihm die KWV nun aber Wohnraum in der Oderberger Straße an, im Hinterhaus der Nummer 42: Zimmer und Küche, sogar ein kleiner Flur von einem Quadratmeter, Toilette auf halber Treppe.

Ali Zech greift zu: »Kaum eingezogen, sah ich aus dem Fenster in einer Wohnung über Eck eine Bekannte aus der Evangelischen Studentengemeinde (ESG). Das fühlte sich gut an. Später informierte ich selbst noch zwei Studentinnen aus unserer ESG über leerstehende Wohnungen in unserem Hinterhof.«

Die beiden Studentinnen müssen um die schräg unter der von Ali Zech liegende Wohnung kämpfen, obwohl sie als schwer

Diskussionsabend bei Mathe-Student Karl-Adolf Zech (rechts hinten).

vermietbar gilt. Dann endlich aber bekommen sie die Schlüssel: »Welch ein Glück, als wir die Wohnung dann bekamen – ein Zimmer mit Blick auf eine Brandmauer ohne Sonneneinstrahlung, eine kleine Küche mit Kaltwasser, Kohleherd und Fenster mit Morgensonne, ein winziger Flur und natürlich Außentoilette. Ich werde nie vergessen, wie wir uns darüber freuten! Während unseres Einzugs kamen Kinder des Hauses und fragten: ›Habt ihr keinen Mann?‹ Antwort: ›Nein.‹ Darauf die Kinder: ›Wer holt euch denn den Koffer vom Schrank, wenn ihr verreisen wollt?‹«

Noch heute besitzt eine der beiden Frauen, sie heißt Friederike, ihr Namensschild – es war auf Sohlenleder gestanzt. Das wiederum hatte sie von einem Schuster, dessen kleine Werkstatt direkt neben dem »Oderkahn« lag.

Doch umsonst gibt es selbst die mieseste Wohnung nicht. Wie bereits Mathe-Student Ali Zech müssen sich auch die beiden jungen Frauen im Rahmen des Nationalen Aufbauwerkes verpflichten, sie durch Eigeninitiative bewohnbar zu machen. Dafür gibt es die NAW-Wertmarken, zum Einkleben.

Auf ähnliche Art erobert sich die Studentin der Landwirtschaft Ulrike Koch die Parterrewohnung des Seitenflügels. Eigeninitiative? Das macht ihr nichts aus, denn sie ist praktisch, baut sich zum Teil ihre Möbel selbst. Außerdem lernt sie dabei ihre Hausbewohner kennen, zum Beispiel den hilfsbereiten Nachbarn von Ali Zech: »Er war ehemaliger Genosse, der Ernst Thälmann noch persönlich kannte. Und er sagte öfter: ›Wenn Thälmann das wüsste ... was hier geschieht!‹ In der Wohnung über mir wohnte Frau Jauer, etwa achtundachtzig Jahre alt. Ich half ihr gern, denn ich bekam dann ein Päckchen Westpudding, auch mal ein Stück Seife: ›Von drüben‹, betonte sie dann immer ...«

Auf natürliche Weise wachsen so in den Hinterhöfen der Oderberger Straße zwei Welten zusammen, die in anderen Bezirken Ost-Berlins weniger Berührung haben: die alteingesessenen Berliner, meist einfache Arbeiter und noch immer unter dem Schock des Mauerbaus stehend – und die nun vorwiegend im Prenzlauer Berg untergebrachten Studenten, die oft aus Thüringen oder Sachsen stammen. Fast alle sind hier knapp bei Kasse, das stärkt die Hilfsbereitschaft.

So verbreiten sich denn im Hinterhof der Oderberger Straße 42 Lockerheit und gute Laune, der selbst die Nähe zur Mauer nicht viel anhaben kann: »Als ins Nachbarhaus auch noch ein Schulfreund aus meiner Heimat Thüringen einzog, gab es ein Riesen-Hallo!«, schwärmt Ali Zech noch immer. »Um mich herum lebten interessante Menschen. Einer studierte Lebensmittelchemie, den kannte ich auch aus der ESG. Er war nicht nur berühmt für seinen Hagebuttenwein, er hatte und nutzte auch eine Anlage zum Brennen von Höherprozentigem.« So trist das Grau der Häuserfassaden auch ist, dahinter entfaltet sich oft ein spannendes Leben, vor allem in den Seitenflügeln und Hinterhäusern, in denen viele Studenten wohnen und andere kreative Individuen. Es gibt Feten und Diskussionsabende; die sind umso wichtiger, als es in der Welt draußen unehrlich, nervend, mitunter sogar bedrohlich zugeht.

Doch nicht immer herrscht eitel Sonnenschein zwischen den Mietern, und aus so manchen Fenstern schallt familiäre Gewalt. Auch gibt es die kleinen Ärgernisse mit dem Nachwuchs: So stellt Mathe-Student Karl-Adolf Zech sein Fahrrad für gewöhnlich in der leeren, mit Schimmel verzierten Parterre-Wohnung des Hinterhauses ab. Eines Tages ist das Fahrrad weg. Das Hauswarts-Ehepaar gibt ihm den Tipp, nach drei Jungen zu fahnden – die Mutter des einen arbeite bei der Kommunalen Wohnungsverwaltung: »Meine Fahndung hatte Erfolg. Die drei hatten mein Rad vollständig auseinander gebaut. Ich lud sie zu einer Limonade ein und verlangte die Wiederherstellung. Das klappte dann einigermaßen. Die Besuche bei den offenbar allein erziehenden Müttern zeigten aber nicht nur Überforderung, sondern auch miese Wohnungen.«

Ein junger Mann führt bei ihnen das Hausbuch. Als er auszieht, bittet er Ali Zech, es weiterzuführen. Der übernimmt den Auftrag und verteilt nun jedes Jahr die Kohlenkarten an die Mieter des Hinterhauses. Zählt der christlich orientierte Student damit automatisch zu den politisch Zuverlässigen?

Eines Tages klingelt ein Fremder an seiner Tür, er komme aus dem Bereich »Inneres«, wie sich die Staatssicherheit nach außen tarnt: »Er wollte Auskünfte über eine junge Frau im Seitenflügel. Ich konnte und wollte ihm nichts über sie sagen, berichtete dieser Nachbarin aber sogleich von diesem Besuch. Später erfuhr ich, dass sie ›ausreisen‹ wollte – der offenbar westliche Partner besuchte sie häufig, was besonders im Sommer das ganze Haus akustisch miterlebte …«

Das nun weiß Ulrike Koch zu ergänzen: »Die ›lautstarke‹ Dame in unserem Seitenflügel arbeitete bei der NBI, der ›Neuen Berlin Illustrierten‹. Und der Freund kam immer mit einer Cezeta angeknattert, einem tschechischen Motorroller. Gerade wegen des Geknatters bekam das ja der ganze Hinterhof mit – und dann gingen automatisch die Fenster auf, dann wurde gelauscht.«

Noch mehr lauscht Mathe-Student Ali Zech allerdings an seinem Radio, das er gebraucht erstanden hat. Er kann den West-Berliner Polizeifunk hören – der liefert ein akustisches Sittengemälde des ummauerten Stadtteils: »Fahren Sie zur Gaststätte sowieso, randalierende Person!« Rückmeldung: »Randalierende Person war der Wirt. Setzen unsere Streife fort.«

Auf der Ostseite verfügt die Staatssicherheit über konspirative Wohnungen, auch in der Oderberger Straße. Sie ist an allem interessiert, was von der Norm abweicht. Und so steht eines Tages auch vor Ulrike Kochs Tür ein Mann mit grünem Ausweis: »Dieser Mensch wollte viele Fragen beantwortet haben, zum Beispiel über ein Studentenpaar aus dem ersten Stock, über Studentenfeten in der Straße, über den Fotografen neben der Feuerwache usw. Da ich jedoch durch mein Studium viel draußen im Pflanzenbau-Praktikum war, konnte ich ›leider keinerlei Auskunft‹ geben. Ich war sehr erstaunt und riet, die betreffenden Personen doch selbst zu befragen. Zum Glück sah ich ihn nie wieder.«

Berühmt sind die Feten bei Ali Zech im Hinterhaus, bei denen Studenten aus den verschiedensten Fachrichtungen zusammenkommen. Sie diskutieren über Gott und die Welt und würden etliches im DDR-Staat gern verändern.

Allerdings geht auch viel Zeit für die Lösung mathematischer Probleme drauf, die schon mal knifflig ausfallen können. Dafür braucht Student Zech Ruhe. Manchmal hilft aber nicht einmal das: »Wenn ich um dreiundzwanzig Uhr das mathematische Problem, an dem ich saß, noch immer nicht gelöst hatte, bin ich erst mal schräg über die Straße gegangen, in den ›Oderkahn‹. Das war eine echte Berliner Kneipe mit langer Familientradition, mit Bockwurst und Bier. Da ging ich dann rein, mit meinem Problem. Nach zwei, drei Bier ließ sich das dann meistens schnell lösen …«

Und natürlich nutzt auch er die Hauptattraktion der Oderberger Straße, das Stadtbad. Er geht dort öfter für fünfundsiebzig Pfennige duschen. Baden in der Badewanne ist streng zeitlimitiert – die Aufsichtsfrau achtet lautstark darauf, dass die Wanne bald wieder frei wird.

Eines Abends sieht er zwei Grenzer auf der Straße rennen, sie öffnen mit Haken einen Gullydeckel. Gibt es schon wieder Flucht-Alarm oder ist das nur eine Übung?

Anfang der siebziger Jahre verlassen die drei Studenten ihre Hinterhof-Quartiere: Friederike heiratet nach Ungarn, Ulrike Koch wird als Agraringenieurin in der Provinz eingesetzt. Der Mathematiker Ali Zech aber zieht der Liebe wegen in einen anderen Teil des Prenzlauer Berges.

1975: Das obere Ende der Straße

Die meisten Studenten werden Berlin nach Studienabschluss wieder verlassen – schon zu Beginn mussten sie sich schriftlich verpflichten, dorthin zu gehen, wo der »Arbeiter- und Bauern-Staat« sie einsetzt – und das heißt meistens Provinz.

Doch es gibt auch Zugereiste, die beschlossen haben, aus dieser Ecke nie mehr wegzuziehen. Der Bildhauer Wolfgang Krause gehört zu ihnen. 1975 trifft er im Prenzlauer Berg ein und ist hingerissen – ausgerechnet von der tristen Oderberger Straße! Sie kann er sich schon bald als ein Zuhause für immer vorstellen.

Der junge Künstler ist in Dresden aufgewachsen, im gediegenen Viertel rund um die Technische Universität: »Das hat mir gereicht, dieser Provinzmief dort und das Spießige. Berlin hat mir vom ersten Moment an gefallen, eigentlich hat mir hier alles gefallen: Die breiten Straßen, S-Bahn, U-Bahn, das anonyme Lebensgefühl, auch die Hinterhöfe, das dichte Zusammenleben der Leute und natürlich die vielen Theater, die es hier gab. Die ganze Gegend um die Oderberger, das war der Hit.«

Wolfgang Krause kommt bei einer Tänzerin der Komischen Oper unter, in der Oderberger Straße 4, Seitenflügel, dritter Stock. Eigentlich wohnen all seine neuen Freunde und Bekannten in Hinterhöfen – und dort vorwiegend im dritten oder vierten Stock. Und interessanterweise arbeiten sie alle an der Komischen Oper. Offenbar hat nicht nur die Humboldt-Universität Zugriff

Wolfgang Krause wohnt direkt gegenüber dem berühmten Stadtbad.

auf das begehrte Wohnungskontingent rund um die Schönhauser Allee. Einige der Tänzer – wie Arila Siegert und Sonja Zimmermann von der Dresdner Palucca-Schule oder der Großenhainer Roland Gawlik – werden schon bald berühmte Solisten sein. Bei ihnen spürt der Zugewanderte noch etwas Heimat: »Ich war zunächst Untermieter bei Arila Siegert. Und da ich mich zu der Zeit der Bildhauerei hingab, bedeutete das, alle Gipssäcke hoch und die meisten Skulpturen runterzutragen. Nach dem Hinaufschleppen der Gipssäcke hieß es dann, den ganzen Aufgang zu wischen, weil sich der Gips auch auf den Treppen verteilte. Mein Ziel war also das Vorderhaus – und dort möglichst das Hochparterre. Das habe ich aber erst 1988 geschafft, über komplizierte Tauschvorgänge. Licht spielt bei meiner Arbeit eine sehr große Rolle. Und endlich hatte ich mehr Licht.

Politisch war ich nicht gerade auf Linie und konnte daher in der DDR keine Kunstprojekte im größeren Rahmen realisieren.«

Was einen Künstler wie Wolfgang Krause fasziniert, ist das Urbane und bei aller bewachten Ordnung doch Ungeordnete der Oderberger. Durch die Innenhöfe schallt laut Musik, keineswegs zur Freude aller Mieter: »Es wurde AFN gehört, die Hitparaden rauf und runter, irgendwelche Schnulzen, tollste Popmusik. Das Leben wurde aus den Wohnungen in die Höfe und auf die Straße getragen.

Früher gab es hier weniger Gaststätten. Und viele Feste fanden einfach in den Wohnungen statt. Es war eine direktere Kommunikation. Alle Häuser waren offen, man konnte immer in die Häuser rein, man konnte sich die Höfe ansehen und unkompliziert andere besuchen. Das geht ja heute nicht mehr.«

Der obere Teil der Oderberger Straße ist sehr kurz, und auch er mündet in eine Sackgasse. Doch nicht der Mauer wegen, die liegt am anderen Ende der Straße. Von hier aus viel zu weit weg, um sie spüren zu müssen. Nein, mitunter scheint es, als wäre hier am oberen Straßenende der Durchgangsverkehr gesperrt, um sich ungestört dem Stadtbad nähern zu können. Wahrscheinlicher aber ist eine Maßnahme zur Verkehrsberuhigung: Denn direkt neben dem Straßenende liegt die Choriner Straße, durch die die Autos auf die Schönhauser Allee zubrausen.

Das ist sein Kiez. Wolfgang Krause geht hier nur einmal links um die Ecke, vorbei an einer Reinigung, und schon steht er auf der Schönhauser. Schaut Wolfgang Krause von seiner Ecke aus die Schönhauser Allee rechts hinunter, leuchtet im Hintergrund groß und gelb ein Polizeigebäude. Dass davor ein kleiner jüdischer Friedhof liegt, sieht man nicht, denn der Friedhof ist abgesperrt – Jüdisches existiert nicht in der DDR. Eine Gruppe bildender Künstler, darunter Wolfgang Krause, darf den Friedhof betreten – immerhin liegt dort der Maler Max Liebermann begraben.

Das markanteste Gebäude an der Schönhauser Allee, direkt gegenüber der Oderberger, entfaltet sich frontal vor Krauses Augen: die alte, große Schultheiss-Brauerei. Dass die Brauerei eines Tages ein Kulturmagnet sein wird, ist in tiefen DDR-Tagen nicht einmal vorstellbar. Das Gelände sieht aus wie eine verlassene Filmkulisse. Überquert Wolfgang Krause die Schönhauser, steht er vor einem Eckturm, daneben beeindruckende Häuserfassaden aus der Gründerzeit. Ein Kessel- und Maschinenhaus erahnt man unterhalb der Schornsteine im Inneren des Geländes. Läuft der Künstler um das Karree herum, befindet er sich schon in einem anderen Teil des Prenzlauer Bergs.

Bis in die sechziger Jahre hinein soll hier noch Bier gebraut worden sein. Doch die älteren Bewohner erzählen noch ganz andere Geschichten, deuten sie vielmehr nur an, denn woher sollen misstrauische DDR-Bürger wissen, wer sie da gerade ausfragt?

Von Kriegsgefangenen wispern sie, die in der Brauerei schuften mussten. Von einem größeren Nazi-Stab, der sich 1945, als die Russen schon in der Stadt standen, hier verschanzt und das Gelände verbissen verteidigt haben soll. Von Deserteuren und Anwohnern, die noch in den letzten Kriegstagen im Hof der Brauerei erschossen wurden, weil sie die weiße Fahne gehisst hatten.

Das alles würde er gern genauer erfahren, doch verbirgt das Brauerei-Gelände den dunklen Teil seiner Geschichte. Und Wachleute verbergen das Gelände vor neugierigen Blicken und Eindringlingen.

Dann schweift Wolfgang Krauses Blick die Schönhauser entlang nach links – und was sieht er? Konnopkes Wurstbude! Die soll dort schon gestanden haben, bevor die Mauer gebaut wurde.

Familie Konnopke soll die erste Currywurst in Ost-Berlin aufgelegt haben. Geheimes Familienrezept, aber woher nahmen sie nach dem Mauerbau den Ketchup und das Curry?

Jetzt, in den siebziger Jahren, kann man immerhin Ketchup schon im Konsum kaufen. Das Dunstfeld um Konnopkes Wurstbude zieht nicht nur Hungrige an, sondern auch Alkoholiker, von denen es hier in der Gegend reichlich gibt. Das stört Wolfgang Krause überhaupt nicht. Im Gegenteil, sie sind Teil des chaotischen Gewimmels an einer Kreuzung: Über ihm donnert die U-Bahn, zwischen Pappelallee und Kastanienallee quietschen die Straßenbahnen unter der U-Bahnbrücke hindurch. Und die Schönhauser Allee mit ihrem flutenden Verkehr ist selbst in der autoarmen DDR eine wirkliche Magistrale. Es pulsiert. Nur auf die Menschen, die hier tagein, tagaus müde und grau an den Ampeln stehen, überträgt sich seine Lebensfreude nicht.

Den Rückweg zu seiner Hinterhofwohnung im oberen Teil der Oderberger Straße nimmt Krause meist über die Kastanienallee, vorbei am Prater. Die Kastanienallee – leicht abschüssig mit Straßenbahn- und Autoverkehr – durchschneidet scharf die Oderberger und schafft damit zwei Welten. Manchmal wirkt der lange Teil der Oderberger mit der Mauer am Ende auf Wolfgang Krause wie ein anderer Stadtteil. Dorthin zieht ihn kaum etwas – nicht der »Oderkahn« und nicht der Fleischer, vor dem fast immer eine lange Schlange steht. Für den bildenden Künstler ist sein kurzes Stück Oderberger der schönere Teil der Straße. Er nennt ihn den »französischen Teil«: Das mag an den Platanen liegen, die einst rund um das Oderberger Bad gepflanzt wurden – auch, wenn der Krieg die Platanen inzwischen arg dezimiert hat.

Nadja

1978: Wir ziehen in die Oderberger Straße

Als ich fünf Jahre alt bin, zieht meine Mutter mit mir fort aus Senftenberg, das mitten im drögen Braunkohle-Tagebau in der Niederlausitz liegt. Es geht nach Berlin, in die Hauptstadt der DDR.

Meine Mutter will Regie studieren und das Regie-Institut weist uns eine Wohnung zu. Oderberger Straße Nummer 45. Hinterhaus, vierter Stock. Zwei Zimmer, Küche und das Klo auf halber Treppe sollen nun unser neues Zuhause sein. Keine dreihundert Meter von der Mauer entfernt. Die Mauer sehe ich zum ersten Mal. Das Außenklo hingegen kenne ich schon aus Senftenberg.

Die Bude ist nicht sonderlich groß. Unsere Küche hat eine Art Sockel, links neben dem Fenster, darunter befindet sich das besagte Außenklo. Bis zur Decke sind noch etwa 1,20 Meter Luft, das wird mein Lieblingsplatz. Zwischen Leergut und Zeitungen mache ich es mir gemütlich, denn alles wird gesammelt, wer weiß, wofür man es noch braucht. Dort verkrümele ich mich oft hin und lese oder verstecke mich.

Waschen muss man sich in der Küche am kleinen Becken. Es gibt ein Foto von mir, nackig mit einem Bein auf dem Stuhl und einem Bein in der Spüle.

Unser Haus ist schrottreif. In der ganzen Straße reihen sich heruntergekommene Mietskasernen aneinander, graue Fassaden mit bröckelnden Balkons und Einschusslöchern aus dem Krieg,

Nadja und Freya bei Nadjas Schuleinführung 1979.

der schon ewig her ist. Manche Häuser haben bis zu drei Hinterhöfe, alles sehr düster auf rissigem Asphalt. Drei Mülltonnen und eine Teppichklopfstange sind das gesamte Ensemble. Wie auch bei unserem Haus liegen sich oft zwei graue Höfe gegenüber, nur durch eine zwei Meter hohe Mauer getrennt, auf der Glasscherben einzementiert sind, damit wir Kinder nicht über die hässliche Mauer klettern. Machen wir natürlich trotzdem. Es ist eine der zahlreichen Mutproben unter uns Kindern: Wer traut sich über die Mauer, wer läuft durch die lange dunkle und gruselige Garage in der Kastanienallee und wer traut sich in die wirklich, wirklich miesen Keller?

Unser Teil der Straße hat fast kein Grün, nur einige kleine Bäume auf dem Gehweg, die im Frühling mit kleinen Knospen dunkelrosa blühen und deren Name ich nicht kenne. Die kurze Seite der Oderberger hat wenigstens ein paar stattliche Platanen vor den Häusern, das hat mir meine Mutter erklärt. Seitdem erkenne ich Platanen überall. Die Straße wird mein Spielplatz, denn Verkehr gibt es kaum. Wir machen die Oderberger zur Rennstrecke und liefern uns zwischen dem »Oderkahn« und der Feuerwehr Fahrradrennen auf unseren 24-Zoll-Diamant-Kinderrädern.

Der Ausblick unserer kleinen Wohnung geht nach Süden, hinter unserem Hinterhaus gibt's glücklicherweise kein weiteres, und so schauen wir auf ein großes Areal mit unauffälligen wellblechbedachten Flachbauten, streng eingezäunt und ohne jedes Hinweisschild. Jahrelang weiß kaum jemand, was dort hergestellt wird. Später finden wir heraus, dass es eine Vertriebsstelle der Firma Robotron ist, welche die heiß begehrten und nur unter der Ladentheke erhältlichen Farbfernsehgeräte herstellt.

Über die Fabrikhallen können wir bis zur Kaufhalle in der Schwedter Straße schauen. Das ist schön, denn in diesem Stadtteil ist Weitsicht selten. Zwischen unserem Hinterhaus und der alten Klinkermauer, die Robotron von uns trennt, liegt ein kleiner dreieckiger Hof.

In seiner Form ungewöhnlich, ist er für uns Kinder wie geschaffen. Wir dürfen dort eigentlich nicht spielen. Die Familie, die für die Hausmeisterstelle zuständig ist, beansprucht diesen Hof für sich. Doch manchmal steht die kleine Tür zum Hof offen und das ist dann wunderbar.

Dort befindet sich tatsächlich ein kleines Stückchen Wiese, umsäumt von Pflastersteinen und mit einem echten Pfirsichbaum drauf. Vielleicht ist das der Grund, warum die Familie im zweiten Stock den Hof für uns unzugänglich hält. Pfirsiche gibt es bei uns im Obst- und Gemüseladen so gut wie nie. Wir klauen also die Pfirsiche, essen sie sofort auf und schmeißen die Kerne über die Mauer zu Robotron, um die Tat zu vertuschen und weil wir hoffen, dass dort vielleicht neue Pfirsichbäume wachsen, die wir dann ganz für uns alleine haben.

Im spitzen Winkel dieses Hofes liegt ein kleiner alter Schuppen, der immer abgeschlossen ist. Früher soll das mal ein Kuhstall gewesen sein, man sieht auch noch die Tränke an der Wand. Das Holz der Türen hat sich über die Jahre verzogen und man kann ein wenig durch die Spalten lugen. Drin steht ein altes Auto, das Modell haben wir auf der Straße noch nie gesehen, halb abgedeckt durch eine graue Plane. Und ein altes Motorrad. So ein Knatterteil mit ganz breitem Sitz, wie aus einem alten Film.

Durch das teilweise undichte Dach – die Dachpappe hat auch schon bessere Zeiten gesehen – tanzen die Sonnenstrahlen auf dem staubigen Boden. Es sieht toll aus und wir Kinder stehen vor dem Schlitz oder auf dem Dach und träumen laut davon, in das Auto zu klettern und damit eine lange Reise zu machen.

Manchmal machen wir Räuberleiter auf das Dach des Schuppens, er ist nur etwa zweieinhalb Meter hoch. Dann laufen wir zur rechten Seite und können der kleinen Schlosserei, die auf dem zweiten Hinterhof der Nummer 44 in der schönen Remise angesiedelt ist, in die Fenster schauen. Das kann ich auch von oben aus unserem vierten Stock, doch von dort sehe ich noch etwas anderes: Eine kleine Birke erkämpft sich aus den Mauern des Hofes ihr Tageslicht.

Drei weitere Besonderheiten und Neuigkeiten in der Oderberger Straße gibt es noch für mich: eine alte, wunderschöne Feuerwehr, deren Einsatzwagen gerade so durch die Tore passen. Einen Konsum, direkt neben unserem Haus, in den ich mein gesamtes, mühsam ausgehandeltes Taschengeld trage, wenn ich es nicht schon in die Eisdiele in der Kastanienallee gebracht habe. Und das Allerbeste: Das Oderberger Stadtbad mit dem lichtdurchfluteten Becken. Ich bin eine Wasserratte und bald sehr verliebt in das Bad …

Doch zurück zu unserer Wohnung, die in den kommenden Jahren – aus ganz unterschiedlichen Gründen – in die verschiedensten Dimensionen wachsen und auch wieder schrumpfen wird. Von Ein-Raum bis Drei-Raum mit zwei Küchen, eine Weile dann auch mal die gesamte Etage.

Normalerweise sind im Hinterhaus pro Etage vier Wohnungen mit je einem Zimmer und eventuell noch einer Küche zu finden. Doch die staatliche Wohnungsbaugesellschaft scheint sich für Wanddurchbrüche oder illegale Übernahmen nicht sonderlich zu interessieren. Ich als Kind habe jedenfalls das Gefühl, man kann, wie man will oder Platz braucht die Wohnung jederzeit beliebig vergrößern, wenn etwas frei wird.

Freya

1978: Makaber. Absurd. Schizophren.

Der größte Schock bei unserer Ankunft in der Oderberger Straße ist die Mauer. Es wird lange dauern, bis ich mich an dieses Monstrum aus Beton gewöhnt habe, das auf jedem Nachhauseweg breit vor mir liegt. Nachhauseweg – das heißt, von der Kastanienallee auf die Mauer zuzulaufen. Meist habe ich Nadja an der Hand. Beim Gehen bleibt also genügend Zeit, um über diesen Wahnsinn einer geteilten Stadt nachzudenken. Wir werden erschossen, wenn wir sehen wollen, was hinter der Mauer ist. Eisenstein fällt mir ein oder Kafka.

Erst, wenn ich in unseren Hauseingang einbiege, vermag ich mich wieder auf Naheliegendes zu konzentrieren. Ich bin in Dresden aufgewachsen, da gab es keine Mauer. Ich habe in Leipzig studiert und dann am Senftenberger Theater gearbeitet – die Grenze, das war etwas sehr Fernes. Wobei … Nach dem Schauspielstudium brach ich mit meiner kleinen Tochter nach Potsdam auf: Ich hatte an der Filmhochschule Babelsberg einen Platz für junge Schauspieler ergattert, die zwei Jahre lang Partner von Regie-Studenten sein sollten. Das passte, ich hatte selbst Regie-Ambitionen. Wir kamen bei einem Archäologie-Studenten unter. Seine Mutter hatte sich vor Kurzem das Leben genommen, nun war er froh, eine junge Frau mit Kind bei sich in der Wohnung zu haben. Doch diese Wohngemeinschaft währte nur wenige Wochen: Während ich Nadja problemlos in den hochschuleigenen

Viel Brauchbares, wenn ein Hausflügel geräumt wird, Mitte der siebziger Jahre.

Kindergarten bringen konnte – er lag im Grenzgebiet –, wurde es mir selbst nun verwehrt, jene Gebäude der Filmhochschule zu betreten, die ebenfalls im Grenzgebiet lagen. Die Verwaltung teilte mir mit, ich hätte bereits einen Fluchtversuch unternommen und gelte daher als »nicht grenzwürdig«. Es gab ein wochenlanges Hin und Her, dann wurde ich ans Theater Senftenberg vermittelt. Dass ich mich im »Grenzgebiet« in Babelsberg bewegt hatte, hieß aber nicht, dass ich je eine Grenze gesehen hätte.

Davon kann nun im Prenzlauer Berg keine Rede sein, hier sind die Grenzanlagen hautnah. Wie weit mag der Abstand von der Mauer zu unserem Haus in der Oderberger sein – hundertfünfzig Meter, zweihundert Meter?

Als ich zwei, drei Jahre später völlig unerwartet aus dem Eckhaus Eberswalder/Oderberger Straße für einen Moment über die Grenzanlage hinwegschauen kann, folgen erneut schlafarme Nächte. Und das kam so: Beim ersten Elternabend in Nadjas Schule in der Kastanienallee werde ich – nicht eben zur Freude der Klassenlehrerin – Mitglied des Elternaktivs. Erwünscht sind, wie an allen DDR-Schulen, vor allem Parteigenossen. So stehen auch hier einige Mütter und Väter offenbar von vornherein fest, doch fehlt noch einer. Ich signalisiere meine Bereitschaft zur Mitarbeit. Die Klassenlehrerin schaut auf die Elternliste, wo wohl vermerkt ist, wer nicht rein soll. Sie bekommt einen roten Kopf und erklärt mir, ich könne das ja gar nicht schaffen, weil ich so viel am Theater zu tun hätte. Für diese wichtige Aufgabe, versichere ich ihr, würde ich mir Zeit nehmen. Und weil die Atmosphäre plötzlich unangenehm wird, mehrere Eltern den Punkt gern abhaken wollen und ein Vater ruft: »Na wenn die Frau doch mitarbeiten will, dann nehmen Sie sie doch!«, kapituliert die Lehrerin. Ich bin drin im Elternaktiv, für etliche Jahre.

Wir stellen gute Sachen mit den Kindern auf die Beine. Die Treffen finden manchmal im privaten Kreis statt, und so treffen wir uns eines Tages bei dem einzigen Mitglied des Elternaktivs, das politischen Eifer an den Tag legt. Die Familie wohnt im dritten Stock jenes oft vom Westen aus abgelichteten Eckhauses Oderberger/Eberswalder Straße, in dessen Hinterhof 1962 die Tunnelflucht so tragisch gescheitert war. Von hier oben kann man den gesamten Mauerverlauf überblicken. Klar, dass hier die Mieter besonders zuverlässig sind. Als ich die Wohnung betrete, zieht es mich sofort zum Fenster. Dort stehe ich wie erstarrt. Schaue über die Grenzanlage, die hier im spitzen Winkel endet. Und genau dort hält jetzt ein Linienbus vor einer Kneipe, an der »Wodka Gorbatschow« steht. »Das ist der Wedding!«, ruft jemand vom Tisch herüber. Ich solle aber jetzt bitte kommen, weil wir mit der Sitzung beginnen wollen.

Makaber. Absurd. Schizophren. Die Aussicht der unbetretbaren Welt brennt sich in meinen Kopf. Und hier im Haus wohnen Menschen, die es richtig finden, dass es die Mauer gibt, dass wir DDR-Bürger abgeschottet werden. Menschen, die nichts dorthin zieht, wohin sie täglich schauen. Die politisch Zuverlässigen haben sich eingemauert in glatte, falsche Sätze.

Freie Gedanken äußert dagegen ein Nachbar, dessen Wände nun an meine grenzen, dessen Eingang jedoch in der Nummer 46 liegt: Der Grafiker Frank Leuchte – ein begnadeter Satiriker und Karikaturist. Im »Magazin« kann man seine Cartoons bewundern, wenn man denn ein Exemplar des limitierten und heißbegehrten Journals erwischt. Wir verstehen uns sofort und das gilt auch für seine zarte, schöne Frau. Frank Leuchte hat in Dresden studiert, schon das gibt Nähe und Vertrautheit und zieht ein »Kennst du den, kennst du die?« nach sich. Und so manchen Abstecher nach nebenan. Auch unter den Bewohnern unseres eigenen Hinterhauses fühle ich mich gut aufgehoben.

Bereits mit dem ersten Winter naht ein praktisches Problem: Täglich müssen nun Kohleneimer aus dem Keller in den vierten Stock getragen werden. Ich aber darf seit einer Sportverletzung maximal drei Kilogramm anheben. So lerne ich die hilfsbereiten Mieter aus unserem Hinterhaus kennen: Einer ist Maurer und erzählt mir von seiner Zeit an der Grenze. Der andere ist Schlosser und wohnt mit seiner Frau, einer Büroangestellten, direkt unter uns. Sympathisch sind alle drei. Ich schleppe also fortan die Kohleneimer vom Keller nur bis ins Erdgeschoss: Dort deponiere ich sie in einer verschimmelten, leeren Wohnung ohne Türschloss und die Männer tragen sie nach der Arbeit hinauf bis zu unserem Außenklo auf halber Treppe. Im zweiten Winter übernimmt den Transport dann mein erster Berliner Freund, und ein paar Jahre später heißt der Kohlenträger Stephan Krawczyk.

Freya

1979: Ein Spielplatz muss her!

Seit 1977 wohnt der Puppenspieler Georg Götz mit seiner Frau in der Oderberger. Sie ist eher widerwillig in die Straße gezogen, denn eigentlich wollte sie raus nach Zehdenick, weil es dort grüner ist. Georg aber fühlt sich gerade hier wohl.

Dieser eheliche Zwist gebiert die Idee, die große, leere und ziemlich vermüllte Fläche in ihren Hinterhöfen in einen Spielplatz zu verwandeln, mit richtig viel Grün! Es handelt sich um die Hoffläche, die an den Prater grenzt: Oderberger Straße 15–17 beziehungsweise Kastanienallee 10–12. Eine ungewöhnliche Brache, die durch Kriegsschäden entstanden ist. Der Spielplatz wird den Kindern rund um die Oderberger gut tun, denn der nächste ist erst am weit entfernten Kollwitzplatz zu finden.

Die Idee des Puppenspielers mündet in eine der ersten Bürgerinitiativen der DDR. Der Anfang ist noch bescheiden und voller staatlicher Hindernisse. Götz projektiert ein bisschen mit Gleichgesinnten wie den bildenden Künstlern Astrid Mosch, Gisela und Eberhard Neumann. Sie entscheiden sich, etwas zu tun, das es gar nicht geben darf im sozialistischen Staat – sie starten 1979 eine Unterschriftenaktion: »Wir haben einen Brief aufgesetzt und ich habe dann bei den Mietern geklingelt, um sie zu informieren und um Unterstützung zu bitten. Wir lernten gleich mehrere Leute kennen, die mitmachen wollten und es entwickelte sich eine feste Aktivisten-Gruppe, die über Jahre hielt.«

Lukas Teske wässert die von Anwohnern erkämpfte Grünfläche.

Selbstständige Aktivitäten, gar eine eigenmächtige Unter-
schriften-Sammlung – das reicht normalerweise, um in den Knast
zu kommen. Doch bei Puppenspieler Götz stellt sich ein guter
Geist an seine Seite: der Biologe und Strahlenforscher Erhard
Tapp. Er trägt nicht nur die Ideen mit, er zieht die Initiative auch
sofort in den staatlichen Wohnbezirksausschuss (WBA) – und
den Initiator Georg Götz gleich mit. So hält man die Geschichte
besser unter Kontrolle und weicht gleichzeitig alte Feindbilder
bei den Genossen auf.

Erhard Tapp ist Mitglied der SED und des WBA 55. Doch er
ist wach und lebendig geblieben, ein anständiger und intelligen-
ter Mensch. Als promovierter Biologe arbeitet er im Strahlen-
Forschungsinstitut und ist Hüter von Geheimnissen, die er nicht
auf der Zunge trägt.

Tapp, der gute Geist der Oderberger Straße, hat eine Geh-
behinderung, die seinen knappen Andeutungen nach eine Folge
seiner geheimnisvollen Tätigkeit sein muss. Er versprüht Lei-
denschaft und Charme, und ohne sein Engagement wäre die
Initiative »Spielplatz mit Grünanlage« mit Sicherheit bald ab-
gewürgt und der staatlicherseits geplanten Tischlerei gewichen.
Denn keineswegs herrscht bei allen im Wohnbezirksausschuss
Begeisterung, wie Georg Götz sich erinnert: »Die meisten, die
hier was zu sagen hatten, standen dem Spielplatz-Projekt skeptisch gegenüber und versuchten, unsere Initiative zu boykottieren oder gleich ganz abzuwürgen. Im WBA war so ein alter
Armee-General, der konnte mich gar nicht leiden und sah in mir
die personifizierte Konterrevolution. Doch es gab eben auch
Herrn Tapp, der dem Ganzen sehr wohlgesonnen war, der sich
fast immer auf unsere Seite stellte und selbst auch einiges mit-
machte. Das war unser Glück in all diesen Machtkämpfen, die ja
auch auf den verschiedenen Parteiebenen stattfanden.«

Nichts ist schlimmer für die herrschende SED, als mitden-
kende Bürger, die eigene Ideen entwickeln, gute Ideen, die nicht
von der Partei kommen. Und das auch noch in unmittelbarer
Sichtweite zum Klassenfeind. Also wirft auch der Magistrat den
engagierten Aktivisten immer wieder Knüppel zwischen die Beine, die übergeordneten Genossen tricksen, errichten bürokra-
tische Hürden und versuchen, das ganze Projekt Spielplatz zu
Fall zu bringen. Chaos bricht aus, als sich herumspricht, dass
vor allem Hinterhöfe abgerissen werden sollen. Als Mieter der
Oderberger und der umliegenden Straßen das Angebot erhalten,
nach Marzahn zu ziehen, in Wohnungen mit Badezimmer, nehmen viele das Angebot an. Die Oderberger Straße wird leerer,
und das wiederum ist die Chance für den Puppenspieler und seine Freunde, weitere kreative Leute in die Straße zu holen: »Viele

suchten ja eine Wohnung im Prenzlauer Berg. Wir haben dann den Leuten Bescheid gesagt, die uns nahestanden. Mit ihrem Zuzug haben wir unsere Initiative weiter verstärkt.«

Allerdings gibt es auch »Mitstreiter«, die das Unternehmen boykottieren, die zielgerichtet den Dissenz innerhalb der Gruppe aufrechterhalten und dafür spürbar einen Auftrag haben. Die meisten Besprechungen finden in der Wohnung von Georg Götz statt. Und da drückt der eine oder andere schon mal seine Zigarette auf den Stühlen des Puppenspielers aus. Auch lenken sie immer wieder von der Errichtung eines Spielplatzes ab, forcieren gerade das Politische: »Hier musste ich höllisch aufpassen, das Ganze im Zaum halten, damit es beim Spielplatz blieb und nicht in eine Richtung ging, in der das Projekt aus politischen Gründen schnell einzukassieren war oder eben auch Schlimmeres passieren konnte. In welchem Ausmaß die Staatssicherheit solche Bürgerrechtsgruppen und Initiativen unterwanderte, das kam ja alles erst viel später ans Licht. Auf jeden Fall habe ich bei diesen Treffen eine Menge für mein weiteres Leben gelernt …«

Freya

1985: Rahman Satti und die Bronx

Rahman Satti ist ein Flüchtling wider Willen. Geflohen ist er aus einer sächsischen Kleinstadt in den Prenzlauer Berg. In der Oderberger Straße hat er ein fast leerstehendes Hinterhaus entdeckt. 1985 zieht er dort unauffällig ein, tauscht das Schloss der Wohnung aus, bringt sein Namensschild an und verhält sich ruhig. Als nichts passiert, ist er sich sicher: Er hat einen Zufluchtsort gefunden!

Doch für wie lange? Das Haus soll abgerissen werden – so wie auch der Seitenflügel und ein paar weitere verfallene Hinterhof-Gebäude. Oder ist das nur ein Gerücht? Der Seitenflügel wurde bereits der Feuerwehr für Löschübungen freigegeben, und so wird Rahman eines Tages Zeuge, wie die Feuerwehr im Seitenflügel einen Brand legt und ihn dann aufwendig löscht. Es ist wie im Film …

In der sächsischen Stadt Waldheim, aus der sich der Zwanzigjährige abgesetzt hat, steht ein berüchtigtes Gefängnis. Nicht, dass er von dort geflohen wäre. Er ist in Waldheim aufgewachsen, empfand aber sein Zuhause zunehmend als Gefängnis, seit sein Stiefvater (Jahre später als Stasi-Spitzel enttarnt) mit ständigem ideologischem Druck die Stimmung in der Familie versaute.

Auch außerhalb der vier Wände wurde es immer ungemütlicher für ihn, zunächst in der Schule und später auch bei der Armee. Der Grund: Rahman Satti hat eine andere Hautfarbe

Rahman Satti in seiner unauffällig
besetzten Wohnung.

als der traditionelle DDR-Bürger. Sein Vater ist Sudanese. Kennengelernt hatten sich seine Eltern an der Universität von Bratislava, wo beide studierten – die Mutter Pharmazie, der Vater Medizin.

Das Paar bekam zwei Kinder, 1970 wurde geheiratet, im Rathaus von Waldheim. Ärzte brauchte die DDR auch damals schon dringend, doch einen Dunkelhäutigen? »Njet«, so etwas muteten die Sozialisten weder sich noch der Bevölkerung zu: Fremdes sollte sich hier gar nicht erst heimisch fühlen, Heirat hin oder her.

So ging Rahmans Vater nach Kopenhagen und machte dort seinen Facharzt für orthopädische Chirurgie. Als Rahmans Mutter daraufhin einen Ausreiseantrag für sich und die Kinder stellte, um ihrem Mann zu folgen, wurde sie von den Staatsorganen in die Zange genommen. Zwei Kinder und eine studierte

*Das Ministerium für Staatssicherheit (MfS) fotografiert konspirativ die Besucher
der Aussichtsplattform.*

Pharmazeutin? Das wäre ein Schwund von drei Arbeitskräften!
Ihr Ausreiseantrag wurde 1973 abgelehnt – ein für alle Mal. Und
nun drängte die Staatssicherheit sie noch zur Scheidung, da war
Rahman neun Jahre alt. Seinen Vater, der nun als Facharzt ins
schwedische Malmö wechselte, sah er erst Jahre später wieder.

Nun, 1985, lebt er unauffällig in der Oderberger. Die Straße
empfindet er als grau und dunkel. Und doch riecht es hier ein
bisschen nach Welt. Man kann französisches, amerikanisches
oder englisches Radio hören. Man kann Westfernsehen gucken,
was in Sachsen unmöglich ist. Und hatte er in Waldheim häufig
das Gefühl, der Einzige in der Stadt mit einer dunklen Hautfarbe
zu sein, so ist der Prenzlauer Berg diesbezüglich entspannend:
Man wird hier nicht ständig beobachtet. Es gibt viele Künstler,
Szeneleute, es fühlt sich kosmopolitisch an.

Rahman kommt in Kontakt mit anderen Afrodeutschen, die offiziell »Mulatten« heißen. Für die jungen Männer mit DDR-Mutter und afrikanischem Vater bricht eine überfällige Phase der Selbstfindung an; Rahman organisiert regelmäßige Treffen in den Räumen der »Kirche von Unten«.

Natürlich glotzen ihn auch in Berlin Leute an, die meisten halten ihn für einen Ausländer. Doch Rahman ist Inländer. Und er wohnt – wenn auch nicht legal – im Hinterhof einer Straße, in der er sich wohlfühlt. Das mit dem Abriss scheint sich hinauszuziehen.

Für Rahman Satti ist die Oderberger Straße ein zwar beruhigender, doch auch absurder Ort – eine Straße, die nach kurzer, aber enormer Breite plötzlich von Betonkübeln gestoppt wird und dann von einer Mauer. Dieses Gefühl überkommt ihn jedes Mal, wenn er zur Post in der Eberswalder Straße muss. Um dorthin zu gelangen, muss er zur Mauer laufen und kurz zuvor rechts um die Ecke biegen. Und an genau dieser Ecke packt ihn jedes Mal das Unbehagen. Das hat zum einen mit den Vopos zu tun, die dort in ihren Uniformen herumstehen und darüber wachen, dass niemand der Mauer zu nahe kommt. Gewiss, sie wirken beklemmend, doch Polizisten sind in der DDR überall präsent, man kann jederzeit mitgenommen werden zur »Klärung eines Sachverhaltes«. Damit ist er aufgewachsen, wie alle DDR-Bürger.

Doch was den Zwanzigjährigen fast noch mehr nervt, wenn er zur Post geht, ist die Besucherplattform hinter der Mauer: Sie steht dort, wo er nie hin darf. Und auf der Plattform befinden sich ständig Menschen, die in die DDR hineinglotzen, wie im Zoo. Schon, wenn er auf die Ecke zugeht, halten die Leute auf der Plattform ihre Fotoapparate auf ihn und machen sogar Videoaufnahmen, wie er zur Post geht.

Warum filmen sie gerade ihn? Weil er eine andere Hautfarbe hat als in der DDR üblich? Er fühlt sich ausgeliefert auf dem Weg zur Post. Doppelt überwacht an dieser Nahtstelle – aus dem Osten sowieso, doch nun auch vom Westen aus.

Ich lerne Rahman im Februar 1986 kennen. Da notiere ich in mein Tagebuch: »Im ›Oderkahn‹ spricht mich ein junger Farbiger an. Fragt, ob ich mit ihm und seinem Freund ein Stück des Südafrikaners Athol Fugard inszenieren würde. Auch sein Freund ist ein Farbiger. Im Gespräch merke ich, dass ein starkes Anliegen dahinter steht. Rahman und sein Freund beabsichtigen, sich mit dem Rassismus in der DDR auseinanderzusetzen – ein Rassismus, dessen Opfer sie häufig selbst sind.

Bin sehr erstaunt. Das ist etwas, worüber ich noch nie nachgedacht habe. In diesem blütenweißen deutschen Land, in dem sich Farbige nur vorübergehend aufhalten dürfen, zu Studien- oder Arbeitszwecken, wofür man sie in speziellen Internaten abkapselt, gibt es tatsächlich einen ausgeprägten Rassismus. Den müssen vor allem die aus solchen Studienaufenthalten und schwarzweißen Liebesverhältnissen zurückbleibenden Kinder ausbaden. Kinder, die als Babys süß sind und später in der Schule zur ›Kohle‹, zum ›Nigger‹ werden. Kinder wie Rahman, der das seit zwanzig Jahren durchmacht. Ich finde seine Idee mit dem Theaterstück verdammt wichtig und übernehme eine Art Mentorenschaft.«

Wenig später schaue ich bei ihnen in der »Bronx« vorbei: Die Bronx, das sind ein paar leerstehende Hinterhofgebäude mit Höhlenaugen, die schon seit Monaten auf ihre Sprengung warten. Kreative Einzelwesen haben sich hier einquartiert, außer Rahman nun auch sein Freund Mario, auf der Suche nach ihrer Identität. Sie proben in einer leeren Wohnung ohne Türen und Fenster – mit Schreien, die durch den Hofschacht knallen und diesem sterbenden Stück Oderberger einen Hauch von Bernard Malamud verleihen.

Da die Bronx weniger als hundert Meter von meiner Wohnung entfernt liegt, bin ich öfter da. Überrede die beiden zu einer strafferen Spielfassung. Ich klinke mich mehr ein, als ich das eigentlich wollte. Die Begegnung mit diesen jungen Afrodeutschen hat für mich eine Bedeutung gewonnen, die ihnen nicht bewusst ist. Sie baut meine Sorge ab, diese nachfolgende Generation könnte hauptsächlich aus vor sich hindösenden oder in irgendeiner Szene versackenden Jugendlichen bestehen. Die beiden sind konfliktgeladener aufgewachsen als die meisten Gleichaltrigen. Aus den Verletzungen, die ihnen über Jahre durch den täglichen Rassismus zugefügt wurden, ist in ihnen ein Widerstand erwachsen, jedoch ohne Hass, dafür aber mit einer starken Kreativität und der seltenen Fähigkeit, über das Eigene hinauszuschauen. Sie passen gut hier in die Straße.

Ihr Theaterstück bringen wir in einigen Kirchen unter, immerhin. Freie Theatergruppen werden nicht geduldet in der DDR.

Rahman wird für ein Schauspielstudium an der Filmhochschule in Babelsberg angenommen. Doch macht man ihm gleich zu Beginn klar, dass er keine großen Chancen hat als farbiger Schauspieler in der DDR. Das ist demotivierend, die politische Situation im Land sowieso. Er bricht das Studium ab und stellt 1988 einen Ausreiseantrag.

Freya

1985: Der Hirschhof

1985 geht das Engagement der Bürgerinitiative um Puppenspieler Georg Götz in eine neue Phase. Die Bildhauer und Maler
Hans Scheib, Anatol Erdmann und Stefan Reichmann fertigen
aus geschmiedetem und verschweißtem Stahlschrott eine bunt
bemalte Metallplastik – einen knapp drei Meter hohen Hirsch.
Er markiert den Weg von der Oderberger Straße 15 in das inzwischen begrünte und ansehnlich gestaltete Hofkarree, das
mit dieser künstlerischen Arbeit nun auch seinen Namen erhält:
Hirschhof!

Der Hirschhof wird im Sommer 1985 mit einem großen Kin-
derfest eingeweiht, samt Puppenspiel der Gruppe »Zinnober«,
von denen ein paar Mitglieder ebenfalls Bewohner der Oderberger Straße sind. Abends gibt es Kino. Die ungezwungene Atmosphäre verstärkt die magnetische Wirkung auf die Einwohner
der umliegenden Häuser: Hirschhof, das klingt einladend. Dass
es so etwas gibt – in der DDR! Dass etwas von unten wächst aus
der Kraft und den Ideen engagierter Anwohner statt von oben
verordnet zu sein – das gibt eine Ahnung davon, wie das Land
aussehen könnte, wenn die Begabten mehr Mitspracherecht hätten als die Schleimer und Abnicker. Leute wie Georg Götz oder
die Bildhauerin Astrid Mosch, die Neumanns oder der Ingenieur
Matthias Klipp, wie Bernd Holtfreter oder der Jazz-Musiker Pit
Blazeowski und seine Frau, die Pädagogin Gudrun Teske, wie

die Keramiker Liz Kratochwil und Felix Mields, die Kunsthistorikerin Sylke Wunderlich, der Soziologe Mathias Kühne ...

Besonders die Künstler unter den Initiatoren sind inspiriert: Eine Obst und Gemüse darstellende Sitzgruppe aus Beton entsteht und ein Indianerpfahl, bald verschönern Fliesen das Gelände. Ein kleines Amphitheater lockt Kinder an, wenn ein Clown auftritt oder ein Puppenspiel sich angekündigt. Ab und an gibt es auch eine Party. Großzügig spendiert Fleischer Dufft eine Tischtennisplatte.

Natürlich verfolgt die Staatssicherheit alles, was sich auf dem Hirschhof abspielt, mit Argusaugen. Sie legt eine Akte »Hirschhof« an – und die füllt sich. Künstler treten hier auf, die Berufsverbot haben oder gerade noch so geduldet sind.

Auch personell hat sich einiges verändert. An die Spitze der Bürgerinitiative gelangt nun ein gebürtiger Rostocker: Bernd Holtfreter. Er ist einer jener Aufmüpfigen, die hier wohnen, selbst schon Nachwuchs haben und vor Ideen sprühen. Natürlich kann er nicht machen, was er will – alles muss unter staatliche Kontrolle. Und so kommt wieder Biologe und Strahlenforscher Erhard Tapp ins Spiel, der WBA-Vorsitzende. Er soll Holtfreter in den Wohnbezirksausschuss 55 integrieren. Kein Problem für den jungen Rostocker, denn dort trifft er auf einen Mitstreiter vom Hirschhof – auf den Maler und Grafiker Eberhard Neumann, offiziell Grün-Beauftragter des WBA. Neumann und seine Frau, die Malerin Gisela Neumann, treiben von Beginn an den Ausbau des Kulturgeländes mit voran. Der offene und kreative Menschentypus verstärkt nun ein wenig den WBA 55, der die Oderberger und Eberswalder Straße sowie einen Teil der Kastanienallee umfasst. Noch immer jedoch dominiert die Gegenseite: Der Abschnittsbevollmächtigte (Polizist), ein Vertreter der Wohnparteiorganisation der SED, politisch zuverlässige

Abgeordnete. Auch die Genossen der einzelnen Kommissionen laden nicht gerade zum Wohlfühlen ein, der Kommissionen Wohnung/Jugendhilfe/Soziales/Ordnung und Sicherheit ...

Man arrangiert sich. Läuft etwas nicht mit den Hirschhof-Leuten, ist der WBA-Vorsitzende Erhard Tapp dran; als SED-Mitglied wird er nun häufiger in die Kreisleitung bestellt und dort in die Mangel genommen.

Ärger bringt 1986 eine Lesung des unbequemen Dichters Peter Wawerzinek. Und auch Stephan Krawczyks und mein Auftritt mit unserem nicht genehmigten Stück »Steinschlag« im hässlich eingerichteten Klub der Volkssolidarität direkt an der Mauer ruft die Staatssicherheit auf den Plan.

1987 entdecken die Bürgerrechtler eine Lücke in der staatlichen Überwachung: Die dem Hirschhof gegenüberliegende Seite der Oderberger Straße – da, wo unauffällig Rahman wohnt und die Oderberger mit der Kastanienallee und der Schwedter Straße ein Dreieck bildet – verfügt über keinen funktionierenden WBA 56 mehr, weil dessen Mitglieder entweder weggezogen oder weggestorben sind. Wäre das nicht ihre Chance? Die Freunde um Bernd Holtfreter gründen den WBA 56 neu. An dessen Spitze stellen sie den Soziologie-Studenten Mathias Kühne, auch er ein Hirschhof-Aktivist.

Eine solche Aktion ist wohl nur denkbar in der bisher schwersten Krise des SED-Regimes seit dem 17. Juni 1953: Es herrscht derzeit ein enormer Druck aus Moskau auf die Führung der SED. Gorbatschow und die politische Großwetterlage begünstigen die Bürgerrechtler. Glasnost und Perestroika? Na klar, wird umgesetzt bei den Hirschhof-Aktivisten – im WBA 55 und nun auch im neuen WBA 56 auf der anderen Seite der Oderberger Straße. Der wächst schon bald auf dreißig Mitglieder an. Als Soziologie-Student Kühne mit Studienabschluss nach Dres-

Der Hirsch aus Stahlschrott ist das Wahrzeichen des Hirschhofes.

den wechselt, rückt Holtfreter als dessen Vorsitzender nach. Sie haben einen Spielraum und können Veranstaltungen ohne zusätzliche Genehmigungen durchführen! Fast zumindest: Die Polizeistelle »Erlaubniswesen« will nun doch genauer wissen, was geplant ist und wie die Abläufe aussehen – schließlich sei die Oderberger grenznaher Raum. Die Gruppe »Zinnober« schafft eine Performance im Prater unter dem Titel »Straßengeschichten – die Oderberger Straße«.

Die Bürgerrechtler lassen sich nicht entmutigen: Statt einer Kommission für Ordnung und Sicherheit gründen sie eine Kulturkommission. Und kurz darauf – die obligaten WBA-Mitglieder von Partei und Sicherheit sind nun schon in der Minderheit – folgt noch eine Wohnungskommission. Über die kann man geschickt Wohnraum an bedürftige und engagierte Bekannte vermitteln. Vor allem in den Seitenflügeln und Hinterhäusern stehen mittlerweile Hunderte Wohnungen leer – deren Vergabe kriegt man gegenüber der Wohnungsverwaltung leicht durch.

So rücken nun weitere DDR-kritische, kreative Geister in die Oderberger und die umliegenden Straßen ein. Was noch keiner von ihnen weiß: Die Nachlässigkeit der staatlichen Wohnungs-verwaltung ist nur vorübergehend. Denn geplant ist, in der Oder-berger Straße etliche Häuser abzureißen und durch Neubauten zu ersetzen. Seit Jahren wabert das Gerücht, sicherheitshalber mobilisieren die Hirschhof-Aktivisten aber 1988 die Bewohner und setzen bald darauf über ihre beiden Wohnbezirksausschüs-se eine Einwohner-Versammlung im Prater an. Hierzu laden sie den Chef-Architekten von Ost-Berlin Roland Korn ein, der be-reits die Oberhoheit über Hellersdorf und Marzahn hat. Er wird gebeten, seine Pläne für die Oderberger Straße der ansässigen Bevölkerung vorzustellen. Das ist kühn. Eine Forderung von oben ereilt die Initiatoren, die Veranstaltung abzusagen, denn: Der Architekt komme nicht!

Diese Antwort fordert den Widerstand geradezu heraus: Die bereits plakatierte Prater-Veranstaltung wird nicht abgesagt! Als es so weit ist, strömen die Anwohner in den Pratersaal. Und sie-he da, nun taucht auch der Chef-Architekt Roland Korn auf, mit einigen Mitarbeitern und großen Planungsrollen. Es kann losgehen …

»Es gab drei verschiedene Varianten«, wird sich Bernd Holt-freter später erinnern. »Die harmloseste hatten zwei junge Ar-chitekten entwickelt: Auf beiden Seiten der Oderberger sollten jeweils vier Häuser abgerissen werden. In diese Lücken wollten sie je einen Plattenneubau setzen, der dann sehr in die Tiefe ging, also nach Süden hin durchgebaut bis zur Schwedter Straße, und auf der Nordseite über den Hirschhof hinweg bis zur Eberswalder Straße, hinter dem Pratergarten entlang. Das, wie gesagt, war die harmloseste Variante. Doch es lief auf einen großflächigen Abriss und Neubau hinaus. Die extremste Variante sah vor, auf der Nordseite vom ›Oderkahn‹ bis zur Feuerwache und auf der Südseite von der Fleischerei Dufft bis zur Grenze alles abzureißen und stattdessen Plattenbauten zu errichten. Für die vielen betroffenen Bewohner war der Umzug in ein Hochhaus kurz vor Weißensee geplant – da sollten wir alle hinziehen!«

Die Minimal-Variante ist also nur eine Schein-Variante, um die Menschen zu beruhigen. Bernd Holtfreter erinnert sich später an die aufkommende Stimmung im Saal: »Sie rollten einen Plan nach dem anderen aus – erst die harmlose Variante, da schluckten wir schon.

Dann kam die mittlere, da schrien wir wütend nach vorn. Und dann kam die ganz schlimme, da gab es regelrechte Tumulte! Der Fleischermeister Dufft machte keinen Hehl daraus, dass diese Pläne nur über seine Leiche verwirklicht werden können.«

Selbst die alten und leiderfahrenen Leute werden jetzt laut – so laut, wie man es von ihnen bisher nicht kannte. Die SED reagiert verunsichert. Die Zeiten scheinen vorbei, wo eine nicht genehmigte Versammlung kurzerhand gesprengt und die Rädelsführer verhaftet werden. Und so führt der Tumult im Prater tatsächlich zum Abbruch der Planung. Die Abriss-Rollen verschwinden im Panzerschrank der SED-Bezirksleitung.

Freya

Späte achtziger Jahre:
Zeitgenossen, unangenehm

Nicht nur der Hirschhof soll erblühen, sondern auch unser düsterer Hinterhof in der Nummer 45 auf der anderen Straßenseite. Eines Tages bringe ich von einem Besuch in Mecklenburg ein paar Knöterich-Pflanzen mit. Sie sind aus einer Gärtnerei und sollen sehr schnell wachsen, wie der befreundete Gärtner versichert. Das klingt vielversprechend. Und so hacke ich ein bisschen den Beton vor der verwitterten Hauswand weg, reichere die Lücke mit Erde an, pflanze den Knöterich und binde ihn an kleinen Metallstäben fest. Das zarte Grün vor blätterndem Dunkelgrau sieht geradezu paradiesisch aus; von einem Fenster des Vorderhauses lächelt mir eine Mieterin zu, in deren Miene ansonsten ein DDR-typisches Grimmig festsitzt. Auch andere Hausbewohner bringen Freude zum Ausdruck.

Die aber währt nicht lange: Eines Tages, ich bin gerade nicht zuhause, sehen Freunde aus dem Nachbarhof den dicken Abschnittsbevollmächtigten (ABV) anrücken, mit großer Heckenschere, flankiert von einem weiteren Polizisten. Der Knöterich wird vernichtet. In meinem Briefkasten landet eine Ordnungsstrafverfügung wegen Beschädigung des Gebäudes. Der vom Hirschhof ausgehende Hang zu mehr Grün soll sich keineswegs weiter ausbreiten. Das altbekannte Muster also.

Mehr Sorgen macht mir allerdings eine andere Begegnung: Eines Vormittags – Nadja ist in der Schule und Stephan übt Gitarre und Bandoneon in seiner eigenen Hinterhof-Bude in der Choriner Straße – höre ich vor unserer Wohnungstür plötzlich leise Schritte. Ich halte den Atem an. Einbrecher gibt es im Prenzlauer Berg zuhauf. Davon steht natürlich nichts in den Zeitungen: Im Sozialismus gibt es keine Einbrecher – es sei denn, »sie haben sich aus West-Berlin herübergeschlichen«. Ich habe Angst. Die Mieter aus den unteren Etagen sind um diese Zeit auf Arbeit, und eigentlich müsste auch ich los …

Leise knarrt jetzt die Bodentreppe. Was will der Kerl auf dem Wäscheboden? Zu holen ist da kaum etwas. Ich nehme meinen Mut zusammen und öffne die Wohnungstür: Auf der Treppe steht ein Mann in grauem Arbeitskittel, etwa fünfzig Jahre alt, nicht viel größer als ich. Und sichtbar erschrocken.

»Wo wollen Sie denn hin?«, frage ich betont harmlos, um ihn nicht zu reizen.

»Ich bin von der Kommunalen Wohnungsverwaltung, habe die Schornsteine zu vermessen.«

Ich nicke und ziehe mich zurück in meine vier Wände. Jetzt ist mir richtig heiß, denn das ist definitiv eine Lüge, die Schornsteine wurden vor einem halben Jahr vermessen. Ich muss los und fühle mich unbehaglich: Der Kerl da oben kommt nicht zurück. Noch gehöre ich nicht zu den glücklichen DDR-Bürgern mit Telefonanschluss. Schließlich wage ich mich die Treppe hinauf … die Bodentür ist angelehnt.

»Hallo, Sie von der Wohnungsverwaltung – sind Sie noch hier drin?«, rufe ich ins Halbdunkel.

Keine Antwort.

Panisch schließe ich den Boden von außen ab und verkante den Schlüssel so, dass man ihn von der anderen Seite nicht rausschieben kann. Ich stürze die vier Treppen runter, will Hilfe holen. Schräg gegenüber ist die Feuerwehr. »Ich brauche einen

Blick vom Dach in unseren Hof.

großen, starken Mann!«, keuche ich, »ich habe auf unserem
Boden einen Einbrecher eingeschlossen. Drüben, in der Nummer 45, Hinterhaus …«

Die Feuerwehrleute lachen, geben mir aber wirklich einen
Hünen an die Seite. Vor der Bodentür angelangt, öffnet er diese
und stellt sich – den Fluchtweg mit seinem ganzen Körper ver-
sperrend – so, dass ich durch seine in die Hüften gestemmten
Arme schauen kann. »Is' hier jemand?«, ruft der Hüne von der
Feuerwehr. »Kommse mal vor!«

Tatsächlich tritt das Männlein im grauen Kittel aus dem
Halbdunkel, und was sehe ich durch den angewinkelten Arm?
Er zieht aus seinem Kittel eine kleine, graue Klappkarte und
reicht sie dem Feuerwehrmann. Dazu wiederholt er: »Ich ver-
messe hier die Schornsteine …«

Das Feindbild meines Beschützers ist wie weggeblasen: »Kein Problem, junge Frau, es ist alles in Ordnung, Sie können ruhig gehen.«

Nun bin ich völlig konfus. Die Treppe heruntereilend, fällt mir ein, dass jemand aus unserem Friedenskreis mal sagte, Stasi-Leute hätten graue Klappkarten, um einander zu erkennen. Der Feuerwehrhüne wusste die Klappkarte sofort zu deuten.

Moment, aus welcher Ecke kam der Klappkartenbesitzer?! Kein Zweifel, er kam aus der Ecke über unserem Schlafzimmer! Hat der eine Wanze eingebaut, um uns zu belauschen? Wieso aber über dem Schlafzimmer? Oder ist er dorthin gelaufen, als er die schweren Schritte auf der Treppe hörte?

Mehrere Male leuchte ich in den Tagen danach mit der Taschenlampe über die Dielen des Wäschebodens. Aus den Ritzen, unter denen ich unser Schlafzimmer vermute, kratze ich mit einem Messer den Dreck raus. Irgendwann breche ich das ab: Weil ich mich ekle, weil es erfolglos scheint und weil ich nicht will, dass das Thema mein Hirn besetzt.

Als Stephan und ich das erste Mal nach diesem Vorfall miteinander ins Bett gehen, ist allein die Vorstellung, dass uns die Stasi jetzt beim Sex belauschen könnte, restlos abturnend. Wir ziehen uns an und gehen in den »Oderkahn«. Finden dort unser Lachen wieder und beschließen, ihnen eine Sado-Maso-Nummer hinzulegen. Zum Einsatz kommt ein Gürtel von Stephan, der auf ein Stück Leder klatscht und das, was wir an schauspielerischer Begabung zu diesem Thema aufbringen können. Irgendwie wird uns freier dadurch und wir schaffen es, uns von eventuellen Lauschern die Freude nicht verderben zu lassen, wenn wir gemeinsam im Bett liegen. (Später werden wir in unseren umfangreichen Stasi-Akten lesen, dass sie unsere Wohnung ab spätestens 1986 überall abzuhören vermochten. Zwischendrin, auf einer

halben Seite, findet sich der Eintrag eines Majors: »Merkwürdige
Geräusche im Objekt. Sado-Maso?«)

Auch die konspirativen Wohnungen (KW) auf der Oderberger Straße kommen nach dem Mauerfall ans Licht:
- eine zentrale KW der Hauptabteilung I (Abwehrarbeit NVA
  und Grenztruppen) befindet sich in der Nummer 21
- eine zentrale KW der Hauptabteilung VII (Abwehrarbeit
  MdI/Deutsche Volkspolizei) in der Nummer 27

In der Oderberger Straße 31 gibt es gleich zwei konspirative
Wohnungen:
- eine KW der Hauptabteilung XXII (Terrorabwehr) sowie
- die KW der Kreisdienststelle Prenzlauer Berg.

In der Oderberger Straße 45 (dort wohnen wir) tarnt sich
eine konspirative Wohnung der Hauptabteilung XX, zuständig
für Staatsapparat und Blockparteien, Kirchen, Kultur und »politischer Untergrund«. Wer sagt's denn …

Und im Nachbarhaus, der Nummer 46, hat sich unauffällig
die Hauptabteilung II (Spionageabwehr) einquartiert.

Die schlimmste Geheimdienstzentrale in der Oderberger
Straße befand sich jedoch in den Hausnummern 24/25, unweit
der Demarkationslinie zum französischen Sektor. Sie existierte
in den Jahren 1945/46, als sogenannte »Opergruppe Nr. 1/Abtei-
lung Mitte, inkl. Gefängnis« und unterstand dem sowjetischen
NKWD. In den Nachkriegsjahren wurden hier Menschen mit
stalinistischem Terror schikaniert. Verhöre und Folter waren zu
überstehen. Hunger, Kälte und Dreck quälten die Verhafteten
ebenso wie die Angst vor dem Erschießen oder einer Deportation in die UdSSR. Wie viele Menschen haben in diesem Keller
ihr Leben gelassen? Wir wissen es nicht. Doch wir erschrecken,
als wir auf der Oderberger vor den Hausnummern 24/25 stehen.
Es ist die Feuerwache.

Freya

1986: Den Himmel sehen!

Im Pankower Friedenskreis gibt es 1986 ein Sommerfest, unter dem Motto: Das Land meiner Sehnsucht. Da passt alles rein – es kann gekocht werden, erzählt oder getanzt.

Stephan Krawczyk hat die Idee, in unserer Oderberger dafür einen 8-mm-Film zu drehen über einen Mann, der sich nach einem Land sehnt, in dem er immer und überall seinen Ausweis zeigen darf, um zu beweisen, dass er jemand ist: Das Land des totalen Ausweises!

Ja, Satire muss sein. Ein Freund hat eine 8-mm-Kamera, und schon das Improvisieren macht richtig Spaß. Dreh-Start ist in unserem Hinterhof: Nadja lümmelt punkmäßig am Motorrad eines Hausbewohners, daneben ich. Hauptdarsteller Krawczyk, der nun dem Hitler-Jungen Quex ähnelt, naht, zückt seinen Ausweis und fordert unseren. Wir lachen und spucken ihm unsere Kaugummis ins Gesicht. Neben weiteren Episoden – der Film soll nicht länger als acht Minuten dauern – drängt sich der Ausweis-Fanatiker auch Kindern auf, die im Sandkasten spielen. Sie bewerfen ihn mit Sand. Nicht einmal der Wellensittich unserer Nachbarin interessiert sich für seinen Ausweis ...

Er träumt vom Land seiner Sehnsucht: Nadja und ich, nun streng gescheitelt und in BDM-ähnlichem Outfit, zücken stramm unsere Ausweise. Die Kinder im Sandkasten, ordentlich aufgereiht und eigens gefertigte Pappkarten mit der Aufschrift

»Ausweis« hochhaltend, spielen das prima – ordentlich aufreihen kennen sie ja aus Kindergarten und Schule.

Als auch das Kleinste, ein etwa zweijähriges Mädchen, versucht, eine Pappkarte hochzuhalten, nähert sich eine ältere Frau und fragt misstrauisch, was wir da machen.

»Wir sind von der Filmhochschule«, lüge ich freundlich. »Das ist ein Auftragswerk: Fantasievolles Spielen. Wir drehen gerade, wie man es nicht machen soll.«

»Und das hat wirklich seine Richtigkeit?« Die Frau bleibt skeptisch.

»Gute Frau«, ruft Stephan ihr zu, »Sie stören die Dreharbeiten!«

Jetzt aber Vorsicht – wenn die den ABV ruft, kriegen wir richtig Ärger. Ich lade sie ein, zuzusehen. Sie geht Gott sei Dank weiter. Die Zweijährige kriegt einen Ausweis umgehängt wie später auch der Wellensittich, dann kommen wir rasch zum Ende. Die Kinder winken uns fröhlich nach.

Mit unserem 8-mm-Film ernten wir viele Lacher und einen fulminanten Applaus. Das ist eben auch ein Teil unseres Lebens, den wir mit vielen auf der Oderberger Straße teilen – die eigene Fantasie gegen das triste Grau zu setzen!

Ein weiterer noch kaum entdeckter Freiraum ist das Dach. Die Kunsthistorikerin Sylke Wunderlich und ihr Mann, der Soziologe und zeitweise WBA-Vorsitzende Mathias Kühne, haben einen luftigen Frühstücksort entdeckt. »Ich glaube«, erinnert sich Sylke Wunderlich, »fast alle Bewohner suchten nach Möglichkeiten, ihren Freiraum zu erweitern. Wir wohnten in der Oderberger 46 und haben dann irgendwann herausgefunden, dass die Klappe zum Dachboden zu öffnen ist, man konnte sie sogar wegschieben. Wir hatten einen ganz kleinen Tisch und schmale Stühle, die durch diese Dachklappe passten. So haben

Sylke Wunderlich und Mathias Kühne frühstücken sonntags auf dem Dach.

wir im Sommer, wenn ich mich recht erinnere, fast jedes Wochenende da oben gesessen und gefrühstückt. Man sah überall Leute auf den Dächern sitzen, manchmal auch Freya.«

Auch Stephan Krawczyk zieht es in luftige Höhe, bevorzugt mit seinem Bandoneon: »Das ging, soweit ich mich erinnere, über eine Stufenleiter aus Eisen hinauf. Jedenfalls war es ein Balanceakt, das Bandoneon durch die Luke zu bugsieren.

Der Himmel, der sich auf den dunklen Hinterhöfen bietet, ist eng begrenzt. Auf dem Dach aber ist der Himmel ungeteilt. Die Weite atmet im Blick. Und schmiegt sich der Klang des Bandoneons, dieses irdischen Balginstruments, an die gütige Luft, die ja den Himmel ausmacht, gibt es plötzlich eine Hochzeit zwischen Himmel und Erde. Diese besondere Atmosphäre sank in die Schächte der Gevierte und führte ihr Eigenleben. Manchmal drang Applaus zu mir herauf: Dann spielte ich so laut, dass es überall zu hören war!«

Das allerdings geht nur, weil unser Haus weit genug von der Mauer entfernt ist und sich dadurch einer permanenten Beobachtung entzieht. Der zu entgehen, versuchen auch jene Schattenwesen, die manchmal auf dem Dach nach ganz vorn robben, zur Mauer: Einmal die Grenzanlage sehen, vor allem aber West-Berlin!

Doch gibt es nicht nur Kreativität und Idylle in der Oderberger Straße. Es gibt auch erschöpfte Arbeiter und sehr viele Rentner, die meist am Existenzminimum leben. Und skurrile Mieter: Zu einem der älteren Männer kommen häufig Jungs – sie holen ihm die Kohlen und gehen für ihn einkaufen. Im Gegenzug zeigt er ihnen erotisch angehauchte Postkarten aus den zwanziger Jahren: Frauen in Spitzenhöschen oder ganz nackt.

Und ja – in den Häusern nistet auch Leid. So finden Nadja und unser Nachbarskind eines Tages beim Verstecken-Spiel in der schimmeligen Erdgeschoss-Wohnung ohne Schloss, in der ich anfangs meine Kohleneimer platzierte, einen Toten. Neben ihm liegt eine Spritze. Nachdem die Polizei ihn rasch abtransportiert hat, bestreitet sie, dass da überhaupt ein Toter gelegen hat. Der sei gar nicht tot gewesen, die Kinder hätten sich geirrt …

Mitunter hallen Schreie durch die Hinterhöfe und das Weinen von Frauen. Kinder werden geschlagen, dann wünscht man sich sehr weit weg von hier. Die schlimmste Gewalttat findet in der Nummer 48 statt und erschüttert auch die hart gesottenen Bewohner der Oderberger. Als sie geschieht, wohnen Sylke Wunderlich und Mathias Kühne noch im Hinterhaus der Nummer 48, im ersten Stock: »Und direkt uns gegenüber, im Vorderhaus, wohnte eine Frau mit drei kleinen Mädchen. Irgendwann kam der dazu gehörige Mann aus dem Gefängnis, glatzköpfig und durchtrainiert. Der lief immer im Unterhemd herum, auch im Winter. Seit der da war, hatten die Kinder Angst. Ein Mädchen traute sich einmal nicht, eine Jacke aus der Wohnung zu holen, weil der Mann schlief. Sie kam zu uns zum Aufwärmen, wir gaben ihr Tee und Kekse – dafür wurden wir dann angeschrien, wieso wir uns in ihre Familienangelegenheiten einmischten. Die Kinder waren ängstlich und vernachlässigt.«

Eines Tages dringt lautes Geschrei aus dieser Wohnung. Kurz darauf spricht sich wie ein Lauffeuer herum, der Mann habe seine Frau und eines der drei Mädchen ermordet. Zwei Mädchen konnten sich retten: Eines versteckte sich in einem Schrank, das andere lief auf die Straße.

»Das hat uns ungeheuer betroffen gemacht. Herr Meyer, der so eine Art Hauswart war und den wir gut kannten, führte uns am nächsten Tag in die Wohnung«, erinnert sich Mathias Kühne. »Wir sahen den Raum, die Wände waren blutverschmiert.«

Und Herr Meyer, was hat der für eine Geschichte? »Er war etwas eigenartig und lief immer in einer schwarzen Lederschürze herum. Irgendwann, in einer ruhigen Minute, leerten wir mal auf seinem Balkon eine Flasche Wein. Und da erzählte er uns, dass er im Zweiten Weltkrieg eine Zeitlang der persönliche Fahrer von Adolf Hitler war. Er zeigte uns Fotos, auf denen die große Staatskarosse mit dem »Führer« durch Paris fuhr …

Nadja

1987: Es wird eng

Als wir 1978 in die Nummer 45 zogen, hatten wir noch kein Badezimmer. Ich bin also mindestens zweimal pro Woche ins Schwimmbad rüber. Die Duschen dort waren warm und ich stand vorm eigentlichen Baden und Schwimmen solange darunter, bis eine Aufseherin kam und mich verscheuchte.

Schwimmunterricht war die ersten Jahre immer morgens um sieben – das frühe Aufstehen war mir dafür egal, ich habe diesen Ort geliebt. Trotz der Aufseherinnen und der nölenden Bademeister, die offensichtlich Kinder hassten, trotz der Wassertemperatur von achtzehn bis zwanzig Grad, trotz des Schwimmlehrers, dem wir nie gut genug schwammen und der peinlich genau die Mädchen von den Jungen trennte.

Als ich zwölf war, hatte ich dort einen ordentlichen Ausrutscher. Ich knallte beim Rennen um den Beckenrand mit dem Ellenbogen gegen die Kante einer gefliesten Säule, blieb sozusagen mit dem Knochen an dieser Ecke hängen und es ergoss sich ein Schwall frischen roten Blutes auf den Boden, schnell hinfließend zum Beckenrand, der nur wenige Zentimeter entfernt war.

Das Geschrei des Bademeisters war riesig, lauter als meines. Seine Sorge, das Blut könnte ins Becken laufen und dann müsste es gesperrt werden, war größer als die Sorge um eine Zwölfjährige, die halb ohnmächtig auf dem Boden lag. Ich erinnere mich danach nur noch, dass der Ellenbogen erst lila war von der Jodtinktur und danach ganz schön lange gelb, von dem riesigen Hämatom, das sich gebildet hatte. Ein bisschen stolz war ich schon, es war ein dicker, nur langsam heilender Schnitt und machte optisch echt was her.

Danach war ich seltener im Bad, was sicherlich weniger am Unfall lag, als daran, dass ich zu pubertieren begann und mich einfach für andere Sachen interessierte, als von den Jungs um den Beckenrand gejagt zu werden.

1987 wird das Bad geschlossen. Der Staat hat kein Geld, um die dringenden Reparaturmaßnahmen am Becken und an der Heizung vorzunehmen.

Überhaupt hat sich einiges geändert, es weht ein anderer Wind in Berlin und auch hier in unserer Straße. Ich bin vierzehn und mit meiner allerbesten Freundin Anna viel unterwegs. Scheffel aus dem ersten Stock, der, als ich kleiner war, schon ab und an auf mich aufgepasst hat, wenn Freya abends im Theater war, hat mir eine superschicke Winterjacke aus schwarzem Fahnenstoff genäht. Die Füllung ist aus Scheuerlappen, etwas Dickeres findet sich nicht. Das sieht aber keiner, und sie hält halbwegs warm.

Wenn ich am Wochenende abends mit der letzten U-Bahn aus der Disko komme und durch die Kastanienallee nach Hause gehe, dann laufen mir seit neuestem dunkle Gestalten hinterher. Manchmal einer, manchmal zwei. Da niemand weiter auf der Straße ist, fällt mir das natürlich auf. Ich grusele mich unheimlich, gehe aber betont normal weiter und bin glücklich, wenn die schwere Haustür hinter mir zuschlägt, dann sprinte ich im Affentempo durchs dunkle Treppenhaus zu uns in den vierten Stock, damit, falls ich verfolgt werde, niemand sieht, wo ich wirklich wohne. Ich mache dann auch meistens zwanzig Minuten lang kein Licht an, außer im Bad oder Freyas Schlafzimmer,

Freya Klier und Stephan Krawczyk vor einem Kirchenauftritt.

denn die gehen nach hinten raus und sind vom Hof aus nicht zu sehen, unsere Haustür wird ja nie abgeschlossen und man konnte jederzeit ins Haus. Dann macht sich regelmäßig Angst breit.

Freya und Stephan sind nun häufig weg. Seit ihrem Berufsverbot vor über einem Jahr haben sie gemeinsam zwei Theaterstücke entwickelt und ziehen damit durch die DDR. Besser gesagt durch die Kirchen der DDR oder durch private Wohnungen, die groß genug sind für ein Theaterstück. Denn Auftrittsverbot ist im Berufsverbot enthalten. Vor nicht allzu langer Zeit wurden die beiden noch mit Preisen für ihre Arbeit ausgezeichnet und als Hoffnungsträger einer neuen Künstlergeneration in der DDR gefeiert. Doch die zu ehrlichen Äußerungen über den tatsächlichen gesellschaftlichen und politischen Zustand in diesem Land will keiner vom Machtapparat hören. Ein Maulkorb wird ihnen angelegt, man lässt sie fallen.

Sie kommen oft sehr spät nachts heim, ich schlafe erst richtig ein, wenn ich ihre Stimmen in der Küche nebenan höre.

Die Männer laufen mir bald auch tagsüber hinterher. Zur Schule, zum Einkaufen, eigentlich immer. Ich frage meine Mutter, was das bedeutet. Sie meint, man möchte sehen, ob ich als Nachrichtenübermittler bestimmte Leute treffe und Informationen oder Dokumente weitergebe. Ich solle aber keine Angst haben, die würden mir nichts tun, sie habe auch einen Haufen an der Backe.

Meine Freundin Anna sagt lachend Bodyguards zu ihnen und meint, so werde ich nachts wenigstens nicht überfallen oder angetatscht. Ein gewisser Sarkasmus liegt in ihrer Stimme.

Bei uns zu Hause wird das Lachen nun seltener. In der Straße hat sich langsam rumgesprochen, dass meine Mutter und ihr Mann von der Kirchenkollekte leben, die sie bei ihren Stücken einspielen und von der sie auch die Strafen für ihr Auftrittsverbot bestreiten müssen. Einige wenden sich ab oder wechseln die Straßenseite. Andere nicken uns verschwörerisch zu, lächeln vertrauensvoll, wenn wir ihnen begegnen.

Auch in meine Schule in der Schönhauser Allee wird das Thema getragen. Ich werde nun besonders beäugt von meiner Klassenlehrerin, die sehr linientreu ist und im Umgang mit Schülern, die nicht der Leistungsnorm entsprechen, als Hardliner gilt, wie mein guter Freund Daniel R. zu spüren bekommt und alle möglichen Schikanen über sich ergehen lassen muss. Der politische Druck nimmt auch in der Schule zu, ich soll positiv Stellung beziehen. Zu einem Land, das meiner Mutter nicht erlaubt, ihren Beruf auszuüben.

Freya

1988: Unfreiwilliger Abschied

Die staatliche Verfolgung von Stephan Krawczyk und mir hatte sich im November 1987 bereits extrem verschärft. Ich stellte unserem Freund Ralf Hirsch eine Vollmacht aus: Er wird die Verantwortung für Nadja übernehmen und sich um sie kümmern, falls wir verhaftet werden. Er will organisieren, dass dann jemand aus unserem Freundeskreis in meine Wohnung zieht und Nadja betreut.

Als sie am 6. November aus der Schule kommt, setze ich mich zu ihr. Erkläre ihr so vorsichtig wie möglich, was passieren könnte.

Ich habe lange überlegt, ob ich mit Nadja überhaupt darüber sprechen soll. Ich will sie nicht beunruhigen, wenn sich am Ende vielleicht alle Aufregung als gegenstandslos erweist. Andererseits hat die Stasi-Präsenz stark zugenommen. Wer garantiert denn, dass sie nicht irgendwann zuschlagen? Nadja weint, meine Unruhe und die nervliche Anspannung in der letzten Zeit sind ihr nicht entgangen. Sie hat Angst.

Ich tröste sie und sage ihr, dass eine Verhaftung doch sehr, sehr unwahrscheinlich sei. –

Das ist sie nicht. Die Verhaftungswelle beginnt in der Zionskirche: Am 25. November 1987 erfahren wir aus dem Radio, dass die Umweltbibliothek nachts von Staatsorganen gestürmt wurde. Beschlagnahmt haben sie die »Umweltblätter« und den

»Grenzfall«, ein innerkirchliches, oppositionelles Blatt. Untergebracht ist die Umweltbibliothek in den Gemeinderäumen gleich um die Ecke. Ich mag die Zionskirche wegen ihres widerständigen Pfarrers Hans Simon und weil 1931/32 hier ein noch mutigerer Pfarrer wirkte: Dietrich Bonhoeffer.

Nun sieht es düster aus, auch Redakteure der »Umweltblätter« wurden verhaftet. Um achtzehn Uhr soll es in der Kirche eine große Versammlung geben. In unserer Wohnung in der Oderberger Straße 45 klopft es um zwölf Uhr – und es ist ein anderes Klopfen als sonst. Eine Bote des Generalstaatsanwaltes der DDR überbringt Stephan und mir eine Vorladung für übermorgen zehn Uhr. Das ist ein Signal: Wir schaffen mal wieder Notizbücher, Manuskripte und Kalender in unauffälligen Taschen aus dem Haus. Um achtzehn Uhr brechen wir in die Zionskirche auf, begleitet von Rahman. Die Kirche ist voller Sympathisanten. Mahnwachen werden beschlossen, es herrscht Aufbruchs- und Durchhaltestimmung. Ich beginne, Brote für die ersten Wachen zu schmieren, Stephan hat sich für die Nachtwache eingeteilt.

Bei der Generalstaatsanwaltschaft zwei Tage später belehren uns zwei Staatsanwälte, jeder weitere Kirchenauftritt könne für uns strafrechtliche Konsequenzen nach sich ziehen. Ihr Ton klingt allerdings nicht mehr so drohend wie der des Boten zwei Tage zuvor. Hängen wir am Stimmungsbarometer, das um die Zions-Ereignisse schwankt?

Mit Mahnwachen, Protestbriefen und Demonstrationen üben wir mit vielen Gleichgesinnten, was schon zwei Jahre später das ganze Land erfassen wird: gewaltfreien Widerstand!

Die Inhaftierten kommen tatsächlich frei. Und wir sind so naiv zu glauben, die Gefahr wäre damit vorbei. Unauffällig holen wir unsere persönlichen Dinge wieder ins Haus.

Ein großer Fehler: Stephan wird am 17. Januar 1988 verhaftet, unmittelbar vor einer großen Staatsdemonstration, auf der er gegen Berufsverbote in der DDR protestieren wollte.

Und da gibt es noch ein Geheimnis, das ihm einen Paragrafen für schweren Landesverrat einbringen wird und Ehrhard Tapp die Folter der Staatssicherheit: Wochen zuvor hatten sich die beiden an einem geheimen Ort getroffen. Denn der gute Geist der Oderberger Straße Ehrhard Tapp ist ja nicht nur WBA-Vorsitzender, sondern auch Spezialist am Strahlen-Forschungsinstitut und damit Geheimnisträger. Dr. Tapp verfügt über die exakten Daten dessen, was nach der Katastrophe von Tschernobyl im Jahr zuvor an kontaminiertem Regen über DDR-Gebiet niedergegangen war. Die DDR-Regierung verhindert jegliche Veröffentlichung der bereits messbaren Folgen. Weder gab es die Warnung, dass die Milch im Gebiet um Cottbus nicht mehr trinkbar ist, noch, dass Pilze nicht mehr gesammelt werden sollten. Nun übergab der Wissenschaftler Ehrhard Tapp dem Liedermacher streng konspirativ entlarvende Zahlen auf kleinen Zetteln – Stephan Krawczyk plant, den Energieminister der DDR zu verklagen. Und nun die Verhaftung …

Von diesem Vorgang weiß ich nichts. Stephan aber bangt in der MfS-Untersuchungshaftanstalt Hohenschönhausen um die enorm wichtigen kleinen Zettel. So bittet er seinen Freund und unser aller Vertrauten – Kirchenanwalt Wolfgang Schnur – Dr. Tapp zu warnen und das geheime Material außer Reichweite seiner Wohnung zu bringen. Das Material befinde sich in der Plattenhülle von »Supertramp«! Ausgerechnet unser aller Vertrauter leitet sein Wissen sofort an seinen Stasi-Führungsoffizier weiter …

Nach dem Fall der Mauer werden Ehrhard Tapp und Stephan Krawczyk einander in den Armen liegen und der Strahlenforscher wird berichten, dass ihm die Stasi-Vernehmer Zigaretten auf seinem Arm ausdrückten, damit er endlich auspackt.

Ich werde am 25. Januar 1988 verhaftet. Gegen fünf Uhr morgens donnern sie gegen die Tür. Und während sie sich auf die Zimmer zur Hausdurchsuchung verteilen, herrscht mich einer der Stasi-Leute an: »Ihre Tochter soll sich anziehen. Sie wird einem Arzt vorgestellt und dann in ein Kinderheim eingewiesen!« Panisch verweise ich auf Ralf Hirsch – er hat eine ordentliche Vollmacht, Nadja soll sofort zum ihm gebracht werden! Was ich nicht weiß: Auch Ralf Hirsch wird in diesem Moment verhaftet, ebenso wie Wolfgang und Lotte Templin, Bärbel Bohley und Werner Fischer.

Ich bin völlig taub, mein einziges Gefühl ist die Angst, Nadja wecken zu müssen. Zitternd schiebe ich diesen entsetzlichen Moment auf und gehe ins Bad. Sofort heftet sich diese widerliche Frau von der letzten Hausdurchsuchung an mich. Während ich auf dem Klo sitze, betrachtet sie sich im Spiegel.

Ich werde wieder aufgefordert, jetzt ist es unaufschiebbar. Ich bitte die Stasi-Frau, mich für einen Moment mit meiner Tochter allein zu lassen. Die Bitte wird abgelehnt. Ich wecke Nadja, so zärtlich es mir möglich ist. Lange braucht sie, um überhaupt zu begreifen, worum es geht, dann schmiegt sie sich wortlos an mich und weint. Ich auch.

Streichle sie verzweifelt und küsse sie, flüstere, dass sie nicht ins Heim muss, sondern nur zum Arzt und dann gleich zu Ralf kann.

Dass Oma sie bald besuchen kommt. Und dass ich sie sehr liebe.

Diese Stunde ist eine der trostlosesten meines Lebens.

Nadja

25. Januar bis 2. Februar 1988

Ich komme bei Ulrike Poppe und ihrer Familie unter. Muss nicht ins Heim. Meine Mutter hatte vorsorglich drei Leuten eine Vollmacht für meine Betreuung geschrieben. Zwei davon sind ebenfalls verhaftet, Ulrike glücklicherweise nicht.

Ich wohne nicht vollständig in der Oderberger zu dieser Zeit. Pendle hin und her zwischen der Rykestraße und unserer Wohnung. Zu gruselig der Morgen, an dem sie meine Mutter mitnehmen und mich in einen anderen Wagen verfrachten und zum Amtsarzt fahren, der bestätigt, dass ich gesund bin und zu den neuen Betreuungspersonen darf.

Als ich am Montagnachmittag noch mal in die Wohnung komme, um einige Sachen für mich zu packen, steht die Tür immer noch offen und die Stasi-Leute wühlen alles durch.

Sie kommen noch einmal, ein, zwei Tage später und benehmen sich, als wohnten sie dort, nicht wir.

Ich bin durch den Wind. Ständig klingelt das Telefon, im Briefkasten liegen etliche kleine Zettel oder Briefe an Freya und Stephan, mit der Bitte durchzuhalten, man sei in Gedanken fest bei ihnen.

Ich bin auch bei ihnen, packe Sachen für meine Mutter zusammen, gebe ihr meinen riesigen von Oma gestrickten Lieblingspullover über den Anwalt Schnur mit und einen Zettel, dass ich sie lieb habe.

Nadja, vierzehn Jahre, kurz vor der Ausbürgerung fotografiert von Tina Bara.

Ich klebe an meiner Freundin Anna, schwänze Schule, wenn ich mich nicht mehr konzentrieren kann, treibe mich rum, schlafe kaum.

Ulrike ist da. Mit ihrer ganzen Restkraft und Liebe, trotz zweier eigener kleiner Kinder und mit großem Vertrauen in mich. Ich kann kommen und gehen, wie es für mich gut ist.

Am 30. Januar 1988 – der Sonnabend – gehe ich mit Anna in die Gethsemane-Kirche zu einem Gedenk-Gottesdienst für die Inhaftierten. Ich bin spät, viele andere auch, die Kirche platzt aus allen Nähten. Ich drängle mich durch die Reihen der Staatssicherheit, die das Spektakel von außen überwacht, mit Fotoapparaten, Videokameras und Notizblöcken. Vorbei an anderen Besuchern und höre, als ich drin bin: »Das weiche Wasser bricht den Stein«. Ein Lied, welches ich oft mit meiner Mutter als Kind gehört habe, hier nun gesungen von dreitausend Menschen, die damit ihre Sympathie bekunden.

Ich heule wie ein kleines Kind. Es ist mein fünfzehnter Geburtstag, meine Mutter sitzt seit fünf Tagen im Knast. Stephan schon seit zwölf.

Wenigstens ist meine liebe kleine Oma für zwei Tage aus Dresden gekommen. Auch sie ist fassungslos und ohnmächtig ob dieser schrecklichen Situation.

Am Montag, dem 1. Februar, will ich nach einer Woche endlich mal versuchen, zu Hause zu schlafen. Unser Briefkasten ist abgerissen worden. Ich komme in unsere Etage und sehe, dass alle schönen Theaterplakate runtergerissen und angekokelt sind. Angst macht sich in mir breit. Ich verriegle die Tür und versuche, einige Sachen zu sortieren, die ganze Wohnung ist durcheinander von den Hausdurchsuchungen. Ich bin es auch. Gegen zwanzig Uhr klopft es an der Tür. Und panisch klopft sofort mein Herz. Durch die Tür ruft schon Ulrike, die ahnt, wie es mir gehen muss: »Ich bin's, Ulrike, mach auf.«

Sie sieht merkwürdig aus. Hält mich an den Unterarmen und sagt: »Nadja, du musst deine Sachen packen, ihr müsst das Land verlassen. Morgen früh schon und es muss geheim bleiben.«

Ich schreie. Taumele und schluchze. Ganz schrecklich. Ulrike hält mich.

Was packe ich ein von all dem Zeug, was hier rumliegt? Was nimmt man mit, wenn man nicht wiederkommt?

Das meiste sind Fotos, Tagebücher, Briefe von Freunden, ein paar Klamotten, ebenso etwas für meine Mutter. Ich bestehe darauf, mich von meiner besten Freundin zu verabschieden.

Ohne gehe ich nicht!

Wir schleppen uns und den Koffer durch die Dunkelheit von Prenzlauer Berg nach Mitte zu Annas Wohnung. Immer schön

Das sichtbare Zeichen unserer Ausbürgerung für alle Bewohner der Straße.

gefolgt von einem Wagen des MfS. Anna ist fassungslos, als Ulrike ihr alles erklärt, denn ich kann nicht reden, der Kloß im Hals ist zu dick. Und Ulrike läuft mit zwei heulenden, aneinanderklebenden Teenagern zurück von Mitte zu ihrer Wohnung in der Rykestraße.

Ich kann nicht mehr in der Oderberger sein. Wie soll ich mich von meinem Zuhause verabschieden? »Tschüss, war schön bei dir, mal sehen, wo ich lande?«

Bis sechs Uhr morgens verabschiede ich mich von Anna und von meinem alten Leben. Dann holen sie mich ab.

Mit dem Bus des Pfarrers, der uns zur Grenze bringen soll.

Ich bin nicht allein im Bus, da sitzt schon eine junge Frau, die Freundin eines Inhaftierten, die im Gegensatz zu mir glücklich wirkt. Für sie bedeutet die Abschiebung vielleicht Hoffnung oder Trost, für mich Schmerz und Trauer! Einziger Lichtblick: Ich sehe meine Mutter endlich wieder.

Freya

November 1989:
Spaziergang in die Freiheit

Am Abend des 9. November 1989 verlässt der Vikar Thomas Jeutner mit seiner hochschwangeren Frau Marianne die Oderberger Straße 5. Die beiden wohnen hier und wollen noch etwas spazieren gehen, wie fast jeden Abend so kurz vor der Geburt.

Meist laufen sie über den Hirschhof und kehren dann über die Kastanienallee nach Hause zurück.

Heute aber entscheiden sie sich für den längeren Weg – die Oderberger hinunter bis zur Mauer, dort einfach die Straßenseite wechseln und wieder zurück. Dabei wird der junge Theologe Zeuge eines vermeintlichen Hörspiels:

»Wir sind die Seite, wo die Feuerwache ist, runtergegangen – sehr langsam, meine Frau stand ja kurz vor der Geburt. Es war schon dunkel. Vor dem Klub der Volkssolidarität, also nicht weit von der Mauer entfernt, stand ein Trabant, mit heruntergekurbeltem Fenster. Der Fahrer hörte unverschämt laut ein Hörspiel aus seinem Autoradio. Erst ärgerte mich seine Rücksichtslosigkeit, dann blieb ich aber stehen, denn es lief ein Science-Fiction-Hörspiel und es war ziemlich packend. Die Rede war von einem Land mit einer Mauer, und die Mauer sei geöffnet, es gab viel Trubel …

Ich war sauer. Ich fand es ziemlich geschmacklos, so etwas zu senden. Wir standen direkt vor der Mauer – die war ja da! Ich dachte, die spinnen total. Verärgert kehrten wir um.«

Am 11. November 1989 wird auch die Mauer zwischen Bernauer und Oderberger Straße durchbrochen.

Als Thomas Jeutner am Spätabend einen Anruf von seinem Bruder erhält, weiß er, dass das vorhin keine Science Fiction war!

Irmgard Grätz verschläft die Mauer-Öffnung. Ihr Mann ist Lokführer und muss am nächsten Morgen sehr zeitig raus, deshalb gehen die beiden früher als gewohnt ins Bett.

Als Frau Grätz am nächsten Morgen das Radio einschaltet, sitzt ihr Mann bereits auf der Lok: »Ich weckte unseren Sohn, der in die Schule musste, und sagte ihm: ›Torsten, die Mauer ist offen! Aber nicht, dass du jetzt auf die Idee kommst, in den Westen zu gehen, du gehst in die Schule!‹«

Die Schule des Sechzehnjährigen liegt auf der Schwedter Straße – dort, wo sie auf die Schönhauser Allee trifft. Der Jugendliche hat das mit der Maueröffnung ohnehin nicht richtig realisiert, er geht brav in die Schule.

Die Todeszone wird zur Flaniermeile.

Nur vier oder fünf Mitschüler finden sich an diesem Vormittag im Klassenzimmer ein. Sie machen ein bisschen entspannten Unterricht, dann schickt der Lehrer sie nach Hause.

Am Freitag, dem 10. November 1989, drängen sich bereits Hunderte um den Grenzabschnitt Oderberger Straße – gehackt wird nun von beiden Seiten der Mauer, die Stimmung ist extrem ausgelassen. Und immer wieder schallt »Die Mauer muss weg!« von beiden Seiten über die Grenzanlage.

Nicht nur der Karikaturist Frank Leuchte und der Soziologe Mathias Kühne legen Hand an das Beton-Ungetüm – die halbe Oderberger ist mit irgendeiner Gerätschaft dabei. Auch Frau Grätz läuft nun häufig hinüber zur Mauer und versucht, ein historisches Stück Beton zu ergattern, was ihr vor lauter Menschenmasse nicht gelingt. Doch Sohn Torsten hämmert am

Nachmittag schon mit und auch der Musiker Pit Blazeowsky. Mathematiker Ali Zech geht an diesem Freitag noch pflichtbewusst zur Arbeit. Für Vikar Thomas Jeutner bleibt ein unvergessliches Erlebnis: »Es war eine riesige Menschenmenge. Und alle, die es nach vorn schafften, fingen an zu picken und zu hacken. Sektflaschen kreisten und alle haben schon gefeiert.

Plötzlich kam ein älterer Herr und bahnte sich den Weg. Er hatte einen großen Vorschlaghammer – einen Bello, wie wir sagten. Das war ergreifend, denn er schob nun alle weg, die da hackten. Er sagte: ›Lasst mich das machen, es ist meine Arbeit. Ich war '61 im August hier und musste das bauen. Und ich, und nur ich, werde nun die wichtigen Schläge machen!‹

Es wurde mucksmäuschenstill, wir haben eine Gänsehaut bekommen. Und dann hat dieser alte Herr doch tatsächlich ein Stück der Mauer eingeschlagen. Es gab einen Riesenbeifall – und viele Tränen. Dieses Erlebnis verbinde ich mit dem 10. November.«

Auch am 11. November weht an dieser Nahtstelle zur Bernauer Straße noch der Mantel der Geschichte. Denn nun geht alles ganz schnell. Vom Wedding aus wird ein offizieller Durchbruch geschaffen, von Spezialisten. Gehplatten werden ausgelegt und große Kräne heben Mauersegmente in die Luft. Irmgard Grätz steht auf ihrem Balkon gegenüber der Feuerwache und sieht, wie sich vor ihr, auf der Oderberger Straße, eine endlose Schlange bildet.

Der junge West-Berliner Journalist Peter Wensierski – in den letzten Jahren häufig in der Oderberger zu Gast – wird nun vom Wedding aus Zeuge des großen Ereignisses: »Auf der Westseite hatten sich schon Massen von Menschen versammelt. Kräne waren aufgefahren und hoben noch mehrere Mauer-Segmente ab. Erst wackelten sie und dann wurden sie in die Luft gehoben.

Es war skurril: Dieser Durchbruch war eine gemeinsame Arbeit der bisherigen Gegner. Die West-Berliner Feuerwehr und das Technische Hilfswerk arbeiteten gemeinsam mit Ost-Berliner Grenzpolizisten. Die Grenztruppen halfen nun das, was sie jahrzehntelang geschützt hatten, zu beseitigen.

Die West-Berliner warteten geduldig in der Kälte, es waren viele. Und dann geschah es: Von der Oderberger Straße her kam ein langer Zug von Menschen durch den immer noch ordentlich geharkten Sand, durch den Todesstreifen. Sie gingen auf die Westseite der Mauer zu. Und die Weddinger, darunter viele Ältere, standen hier auf der Westseite Spalier. Es war merkwürdig still. Die Menschen zogen in einem geschlossenen Zug, wie bei einer Demonstration. Mich erinnerte das fast an etwas Biblisches, an den Auszug aus Ägypten durch die Wüste, durch diesen sandigen Todesstreifen.

Als sie ankamen, klopften ihnen die Leute auf die Schultern, umarmten sie und hatten Sektflaschen dabei. Die Tränen flossen. Es war ja auch ein Wiedersehen zwischen den Weddingern und den Leuten im Prenzlauer Berg, nach Jahrzehnten der Trennung. Die Ost-Berliner liefen dann weiter in die Bernauer Straße, immer weiter, immer weiter, durch ein schier endloses Spalier von West-Berlinern.

Es waren viele alte Menschen darunter, die Berlin noch als Ganzes erlebt hatten. Es gab ja noch dieses Eckhaus an der Mauer, an dem ›Klub der Volkssolidarität‹ stand. Und ich dachte mir: Tja, so hatten sich die Herren an der DDR-Spitze Volkssolidarität nicht vorgestellt. Aber genau das fand jetzt hier statt ...«

Nadja

1989: Von West nach Ost

Ich lebe mit meiner Mutter seit unserer Ausbürgerung aus der DDR im Februar 1988 in Kreuzberg 61. Am oberen Ende der Oranienstraße, welche die gerade Verbindung nach SO 36 ist, der südliche Teil von Kreuzberg und mein Lieblingsbezirk von West-Berlin. Wild, schmuddelig, graffitibunt und gewissermaßen ein – wenn auch kleiner – Schmelztiegel der Kulturen, was ich vorher – da DDR sozialisiert – so gar nicht kannte. Im Osten durfte nicht nur niemand raus, es durfte auch kaum jemand rein.

Ich habe mich schnell an das Leben auf der bunten Seite der Mauer gewöhnt. Doch trotzdem musste ich in den fast zwei Jahren mühsam akzeptieren lernen, dass das hier nun mein Zuhause ist und dass das Alte nie wieder zurückkommt.

Der Osten steht nach wie vor extrem nah und unglaublich deutlich in unserem Leben. Weniger durch die zahlreichen Nachrichten von Freunden und Bekannten und die vielen Briefe, die wir bekommen oder schreiben. Er visualisiert sich durch die Zwanziggeschosser in der Leipziger Straße, direkt hinter der Mauer, aus deren Treppenhäusern mir manchmal heimlich Freunde winken. Wir wohnen nur einen Steinwurf vom Axel-Springer-Hochhaus entfernt. Und bis auf Briefe schreiben, die von Dritten gelesen werden, und Telefonate, bei denen Unbekannte mithören, gibt es für mich seit den letzten zwanzig Monaten keine Chance auf persönlichen Kontakt. Wir haben immer noch Einreiseverbot.

Von einem Tag auf den anderen ist alles anders. Die Mauer offen. Alle drehen durch. Keine Zeitung ist so schnell wie die Mundpropaganda. Man klopft beim Nachbarn, um es zu erzählen, denn es könnte ja sein, dass der die Nachrichten verpasst hat. Ein Traum wird wahr für so viele Menschen. Ich brauche eine Weile, um das zu glauben.

Es brennt plötzlich wieder in der Brust. In der Nacht nach der Maueröffnung zieht es mich in den Osten, in meine Heimat.

Ich fahre mit der U9 zur Osloer Straße. Der Grenzübergang Bornholmer Straße, direkt hinter der Böse-Brücke (ein passender Name), wird ständig auf allen Kanälen gezeigt und irgendwie kommt er mir gerade als der einzige Weg in den Sinn, der reinführt in den Osten. Je näher ich der Bornholmer Straße komme, desto aufgeregter werde ich. Die U-Bahn ist voll von West-Berlinern und Ost-Berlinern. Zusammen mit vielen anderen Menschen schwimme ich dem Strom der neugierigen Ostler entgegen, die endlich die Welt sehen wollen – oder wenigstens für den Moment erst mal West-Berlin.

Trabis und Wartburgs in schier endlosen Kolonnen blasen ihre Abgase nun in die Luft vom Wedding. Hupkonzerte und Gejubel sind die permanente Geräuschkulisse dieser Nacht. Auf der Osloer Straße ist die Hölle los. Ein Jahrmarkt ist nichts dagegen. Busse fahren nicht, weil die Straßen überflutet sind mit Menschen und ständig wird man angesprochen oder fremd umarmt. Jeder freut sich mit jedem, sie wirken fast besoffen in ihrer Glückseligkeit, es wird geweint und geschluchzt und es ist ansteckend.

Am Kontrollposten direkt am Übergang muss ich mich kurz zusammenreißen: Leichte Panik steigt in mir auf. Die Angst vor

Autoritäten wurde in der DDR gut gesetzt und ist noch fest in meinem System verankert, wie mein Unterbewusstsein mich deutlich spüren lässt.

Ich drängele mich zusammen mit vielen anderen mit mulmigem Gefühl unkontrolliert durch den Grenzübergang, vorbei an den nun geöffneten Schlagbäumen, erleichtert, dass mich niemand rausgewinkt oder angesprochen hat. Und kaum bin ich wieder im Osten – da sehe ich den Unterschied. Völlig konsterniert, weil ich es offensichtlich schon vergessen habe, stelle ich fest, der Osten ist wirklich dunkel und sehr grau. Keine Reklametafeln an den Straßenecken, keine bunte Leuchtschrift über den Geschäften, die das Straßenbild erhellt. Keine bunten Autos am Straßenrand. Selbst die Straßenlaternen scheinen mir weniger intensiv zu leuchten. Aber vielleicht ist das auch eine Täuschung.

Ich laufe vor bis zur Schönhauser Allee, immer noch kommen mir gut gelaunte und aufgeregte Menschenmassen entgegen. Dort schwinge ich mich in die Straßenbahn Nummer 49, Richtung Monbijouplatz.

Auch das hatte ich fast zwei Jahre nicht: Straßenbahn fahren. Und ein weiterer Unterschied zu früher: Es ist zweiundzwanzig Uhr und das Ding ist rappelvoll. Das liegt allerdings am aktuellen Ereignis.

In West-Berlin herrscht, zumindest in Kreuzberg, zu jeder Tages- und Nachtzeit reger Betrieb. Im Prenzlauer Berg klappen trotz enger Besiedlung und Großstadt die Gehwege spätestens um zwanzig Uhr hoch. Einfach, weil es zu wenig Kneipen, Restaurants, Bars oder Kinos gibt. Eben Möglichkeiten, sich außerhalb der eigenen vier Wände zu treffen.

Die Straßenbahn fährt die Schönhauser Allee runter, hält am U-Bahnhof Dimitroffstraße (heute Eberswalder Straße). Ich drücke mir die Nase platt und glotze, steige aber nicht aus.

Ein warmes Gefühl steigt in mir hoch. Es brennt in der Brust. Eine Mischung aus Vertrautheit, Sehnsucht, Traurigkeit und Angst. Jetzt geht's die Kastanienallee runter, an der Oderberger Straße vorbei, an unserem Zuhause, das uns von einem Tag auf den anderen weggenommen wurde. Als ich dran vorbeifahre, fühle ich einen Schauer auf der Haut. Ich gucke wieder, sehe aber nichts. Es ist genauso dunkel wie immer und dazu kommt, dass die Scheiben der alten Bahn von der Wärme der vielen Menschen beschlagen sind und draußen ist es novemberkalt. Ein paar Tränen kullern mir die Wange runter.

Ich lasse sie kullern und denke fünfhundert Meter lang daran, auszusteigen und zurückzulaufen, um kurz zu gucken. Nächster Halt ist, vorbei an meiner ersten Schule, kurz nach der Schwedter Straße. Nein. Ich bleibe drin. Vielleicht ist der Schmerz doch größer als die Neugier. Und auch die Sehnsucht nach meiner geliebten allerbesten Freundin Anna ist riesig. Das war ja der Impuls, heute Nacht in den Osten rüber zu machen. Und die Oderberger wird ja nicht wegrennen.

Am Hackeschen Markt steige ich aus und laufe die genauso heruntergekommene Oranienburger Straße entlang bis zur Nummer 45. Mein Herz klopft, als ich in den dritten Stock steige und klingle. Niemand öffnet. Traurig trotte ich die Treppen runter. Will es später nochmal probieren.

Da fällt mir ein, dass sie geschrieben hat, sie arbeite ab und an als Garderobiere im Berliner Ensemble. Das ist nur wenige hundert Meter entfernt. Ich renne die letzten Stufen hinunter aus der Tür in Richtung Spree, zum Schiffbauerdamm.

Die Vorstellung ist gerade vorbei, die meisten Menschen sind schon im Mantel. Ich finde sie und wir fliegen uns in die Arme … Die Wiedersehensfreude ist riesig, die Menge der gebrauchten Taschentücher auch.

Kurze Zusammenfassung des Restabends: Wir ziehen, ganz wie früher, durch die Straßen, trinken, feiern, hängen glückselig aneinander fest und pennen morgens irgendwann in ihrem Bett ein.

Vergessen für ein paar Stunden die ganze Welt, die Politik, den Stress und den ganzen Schmerz, den wir gelitten haben.

Am nächsten Morgen wird mir dann mulmig. Ich kann hier nicht bleiben, wohne woanders, muss dorthin zurück. Müsste jetzt eigentlich in der Schule sitzen.

Anna will mit in den Westen. Sie ist unheimlich neugierig und wir wollen noch etwas Zeit miteinander verbringen. Sie schwänzt einfach die Berufsschule und begleitet mich zum Grenzübergang Invalidenstraße. Da ist wider Erwarten wenig los, die Grenzer haben Zeit und beäugen uns argwöhnisch.

Anna läuft mit ihrem blauen Ausweis einfach so durch die Grenzkontrolle. Wie alle anderen um uns herum auch.

Ich hab keinen blauen Ausweis, sondern einen grünen. Außerdem kein Visum, offizielles Einreise-Verbot und trotzdem bin ich hier.

Sie winken mich rein und im Häuschen der Grenzer wollen sie nun alles sehen. Visum, Ausweis, Rest-DDR-Geld. Ich hab gar nichts davon. Außer meiner Monatskarte der BVG. Stelle mich bei der Befragung total blöd und murmele etwas von »Mauer offen, ich dachte für alle, Freunde besuchen ...«

Zwei längere Telefonate mit einer höheren Behörde, was man nun mit mir und der Situation machen solle. Ich spüre wieder diese Panik in mir aufsteigen: Was, wenn die dich hierbehalten und einbuchten wegen unerlaubten Grenzübertritts oder Spionage, ich bin noch nicht achtzehn. Die Grenze ist keine achtundvierzig Stunden offen und vielleicht morgen wieder zu. Sie könnten mich verhaften und vom Jugendwerkhof hab ich nie

Nadja und Anna wieder glücklich zusammen.

etwas Gutes gehört. Meine Gedanken spielen verrückt, die Männer haben ein Pokerface.

Ich fange an zu weinen, sage, dass ich jetzt endlich nach Hause will. Draußen steht Anna und lächelt mich an. Und plötzlich gibt es überhaupt kein Problem mehr. Der Grenzer sagt: Frau Klier, Sie dürfen gehen, bitte besorgen Sie sich für den nächsten Besuch in der DDR ein gültiges Visum.

Der macht Witze!

Tausend Steine rutschen mir von der Seele. Ich brauche drei Zigaretten »danach«, um mich zu sortieren, dann fahre ich zusammen mit Anna »nach Hause« – nach Kreuzberg.

Nadja

Nachwende- & Zwischenzeit

Viele Wohnungen in der Oderberger sind in einem desolaten Zustand und offiziell nicht vermietbar. Die DDR existiert nicht mehr und seit Jahrzehnten hat von staatlicher Seite keiner auch nur eine Mark in die Gebäude investiert; Berlin und der halbe Osten liegen im Schwebezustand der »Rückgabe vor Entschädigung«. Keiner weiß genau, wem was seit wann gehört und wie man mit den Eigentumsverhältnissen konkret verfahren soll. Zum Teil gehören die Häuser Familien, die im »Dritten Reich« aufgrund politischer oder religiöser Umstände verfolgt und enteignet wurden. 1949 wurde auf DDR-Territorium dann fast der gesamte Privatbesitz enteignet und in Staatseigentum umgewandelt. Wer Jura studiert und sich auf Eigentumsverhältnisse spezialisiert hat oder findig ist, kann nun nach der Wende ein Vermögen verdienen mit den Abertausenden Prozessen, die anlaufen, weil Alteigentümer auf die Herausgabe ihrer heruntergewirtschafteten Grundstücke pochen – trotz oder auch gerade wegen des maroden Zustandes und den damit verbundenen Sanierungskosten und natürlich auch Sanierungszuschüssen. Viele DDR-Bürger leiden unter der Rückgabe-vor-Entschädigung-Regel. Verrechnet werden Subventionen mit Investitionen zwischen Staat und Eigentümern und dazwischen immer wieder die noch schnell in den Wendetagen von der Modrow-Regierung gegründete Treuhandgesellschaft, die DDR-Volkseigentum zer-

Beschauliche Ruhe Anfang der Neunziger, kurz vor dem jahrelangen Sanierungsboom.

schlägt und zerstückelt. Das Geld fließt wie ein großer dreckiger Fluss zügig in die Taschen der Genossen oder ins Nirgendwo. Spekulanten finden hier ihre Nester, füllen sich die Taschen und man hat das Gefühl, keiner will bis übermorgen denken oder gar an die Menschen, die seit zig Jahren in diesen Häusern leben.

Trotzdem bleiben noch viele Leute in der Oderberger wohnen, andere aus anderen Ecken der Stadt und Deutschlands kommen hinzu. Sie kommen aus Neugier und wegen der niedrigen Mieten.

Auch Wolf Bosse verschlägt es Anfang/Mitte der Neunziger in die Hausnummer 40. Ursprünglich aus Braunschweig stammend, zieht es ihn kurze Zeit nach der Wiedervereinigung der Liebe wegen nach Berlin. Doch nicht nur die Liebe interessiert ihn. Auch, dass man sich in einer Metropole besser ausprobieren

Dauerbaustelle vor der Hausnummer 42.

kann als in einer spießigen Kleinstadt. Berlin ist wild und zieht ihn an wie ein Magnet. Wolf erzählt, dass er gar kein Empfinden für Ost und West hatte. Dachte, Bautzen sei ein Stadtteil von Berlin, der mit den Gefängnissen, und fragte mitten in Charlottenburg bei seiner Ankunft, wie er denn nach »Kreuzburg« komme. Man belächelt ihn.

Er zieht dann in seine erste WG über einem lauten türkischen Restaurant in SO 36, der laute und wilde Teil von Kreuzberg im ehemaligen West-Berlin (benannt nach der Postleitzahl 1000 Berlin 36) und arbeitet als Freelancer, freier Grafiker und »Quotenmann« in der Werbeagentur »Weiberwirtschaft« in der Anklamer Straße in Mitte. Die Chefin will irgendwann mit ihrem Kerl zusammen in eine größere Wohnung ziehen und bietet Wolf ihre Wohnung zur Übernahme an. Das ist sein Ticket ins Glück.

Eine im vierten Stock gelegene, wirklich schrabbelige 67-Quadratmeter-Wohnung ohne Bad, das er sich nachträglich selbst einbaut. Die Klos befinden sich immer noch auf halber Treppe – sind jetzt aber durch kleine private Wanddurchbrüche und Treppenbau vom Wohnraum aus zugänglich.

Aber die Straße. Die findet er sofort toll. Die Lage, die Breite, die Lebendigkeit der Menschen und die ruhige Verkehrslage – das alles gefällt ihm. Die Mieten im Osten sind zu dieser Zeit noch billiger als in den westlichen Stadtbezirken und ständig gibt es etwas Neues zu entdecken.

Ebenfalls zu dieser Zeit beginnt der große Sanierungsboom im Osten, von dem auch die Oderberger Straße nicht verschont bleibt. Es tut ihr natürlich gut. Fast hundert Jahre gleich aussehen, ohne auch nur eine einzige optische Veränderung, das erinnert eher an ein Fossil, das ganze Grau und der Mief machen das Auge und die Nase wund.

Seit einigen Jahren toben die Bauarbeiten nun schon am Kollwitzplatz, jetzt wird auch hier in der Straße Stück für Stück und Haus für Haus saniert. Gehwege werden aufgerissen, Bäume umgesetzt, Leitungen verlegt, Baugerüste und Steinhaufen engen die Straße ein. Wolf hat zwischenzeitlich das Gefühl, auf einer Großbaustelle zu wohnen und das für fast zehn Jahre. Überall Dreck, Pressluftgehämmer und LKWs, die ständig neues Baumaterial rankarren, sorgen für den akustischen Background, der an den Nerven zerrt und ihm zeitweise das Gefühl gibt, sich in einem Kriegsgebiet zu befinden.

Als seine erste Tochter geboren wird und die kleine Familie mehr Platz benötigt, entschließt er sich spontan und mit leichtem Übermut, eine Wohnung zu kaufen. In der Nummer 21 schräg gegenüber wird gerade saniert und dort stehen Wohnungen zum Verkauf. Er investiert und baut die Wohnung wegen teils billiger und schlechter Ausführung durch den Hauseigentümer bzw. die Baufirmen einfach selbst aus.

Er fühlt sich wohl in der Straße, mag diese Kombination aus Lebendigkeit und verkehrsberuhigtem Wohnen. Das bedeutet für ihn in einer Großstadt eine besondere Wohnqualität, da will er bleiben. Das sieht er alles in der nahen Zukunft, wenn der Baulärm endlich mal ein Ende nimmt.

Wolf kann sich noch gut an diese Zeit erinnern, er erzählt von den Straßenschlachten zwischen Autonomen und Polizei während der Walpurgisnächte Mitte der Neunziger, die vom zu dicht besiedelten und schon renovierten Kollwitzplatz in den neu angelegten Mauerpark verlegt werden, um »Sachschäden« (brennende Autos und Müllcontainer sowie Graffiti an den neuen Hauswänden) zu begrenzen und natürlich, um volle Kontrolle über die Festbesucher zu haben. Die Polizisten aus den benachbarten neuen Bundesländern haben gern etwas härter zugeschlagen, erinnert er sich und deshalb haben Anwohner und Fest-Sympathisanten einfach die Straßenschilder der anliegenden Straßen schwarz übermalt, sodass sich die Bullenwannen nicht orientieren konnten und ständig zwischen Schwedter, Zionskirche, Ruppiner und Bernauer im Kreis gefahren sind.

Die wildbewachsene Brache des Todesstreifens der Berliner Mauer, auf dem etliche Menschen ihr Leben verloren, wird nun von Anwohnern genutzt. 1990 wird die Mauer abgebaut, eine Initiative pflanzt Bäume und Sträucher, die Menschen machen es dort endlich schön.

1992 gewinnt der Landschaftsarchitekt Gustav Lange mit seinem Mauerpark-Entwurf einen Wettbewerb, der im Rahmen der Olympiade-Planung für den angrenzenden Sportpark ausgerufen wird. Der Mauerstreifen wird ein offizieller Park und Etappe für Etappe ausgebaut. Auch das dauert fast zehn Jahre.

Immer wieder gibt es Baustopps wegen ungeklärter Eigentumsverhältnisse der Fläche zwischen Bund und Bahn und privaten Besitzern. Doch es ist ein tolles Areal. Es entsteht eine Jugendfarm mit vielen Tieren, ein Regenbogenspielplatz und am Ende ein Kletterturm.

Damit man diese dunkle Stelle der Geschichte nicht vollständig vergisst, wird in den Asphalt quer über die Straße eine Doppelreihe Pflastersteine eingelassen, dazwischen immer mal ein Band aus Bronze »Berliner Mauer 1961–1989«.

Natürlich kann das nicht mit einem vier Meter hohen schmutziggrauen Koloss konkurrieren, aber man macht sich eben Gedanken: ein außergewöhnliches Mahnmal, quer durch Berlin.

Die Oderberger ist keine klassische Durchgangsstraße, wird auch nie eine sein. Eher eine gemütliche Dorfstraße, wo jeder jeden trifft, ein Schwätzchen hält und hie und da mal ein Auto fährt. Das war schon vor und zu Ost-Zeiten so und auch bis heute gibt es das Durchfahrt-Verbots-Schild am kurzen Ende der Straße, das nur den Einsatzfahrzeugen der Polizei und Feuerwehr erlaubt, den kurzen Weg zur Schönhauser Allee zu nehmen. Gäbe es das Schild nicht, würden sicher alle Autos, die von der Bernauer Straße kommend unten an der Eberswalder rechts in die Schönhauser Allee abbiegen wollen, die Oderberger als Abkürzung nehmen und hin wäre es mit der Lebensqualität. Und die Oderberger – trotz ihrer Kürze – will kein *Short Cut* sein. Vor allem nicht inhaltlich.

In den kommenden Jahren versuchen Anwohner, die Straße zu verschönern, mit Blumenkübeln, Sitzbänken und kleinen Rastplätzen. Das will mal wieder irgendein Amt verhindern und vielleicht liegt es ja tatsächlich an der Geschichte der Straße, dass sich ein weiteres Mal eine Bürgerinitiative formt, die dafür kämpft, die Begrünung zu erhalten.

Nadja

Anfang der 2000er:
Kiezkantine, Krause, Klier

Das erste Haus in der Straße, das renoviert wurde, war die Nummer 50 im Jahr 1992. Die darin lebenden Bewohner haben sich als erste überhaupt einer Genossenschaft angeschlossen und mit viel Mühe und Eigeninitiative ihr Haus selbst gekauft und mit alternativem Ansatz, jedoch voll professionell saniert.

Ein Jahr später eröffnete unten im Erdgeschoss die »Sozialkantine«. Ein ABM-Projekt, getragen durch den So Oder So e.V. Bürgerverein. Es sollte ein Platz sein, an dem Bewohner der Straße sich zusammenfinden, günstig essen und trinken und ihre aktuellen Projekte für die Straße oder den Bezirk besprechen können. Bis dato gab es nur das Café »EntwederOder« in der Straße und den alten »Oderkahn«, beides schräg gegenüber. Also entstand die Idee zu einer preiswerten Kantine im Kiez.

Kristina Schneider arbeitet von der ersten Stunde an in der Kiezkantine und erlebt die Veränderungen der Straße hautnah mit. Zehn Jahre lang arbeiteten hier langzeitarbeitslose Gastronomen und Köche, viele aus der ehemaligen DDR, die nur schwer zu vermitteln waren, bis das ABM-Projekt 2003 ausläuft und die Pinel g(emeinnützige) GmbH die Kiezkantine und auch den größten Teil der Angestellten übernimmt. Pinel ist eine Initiative für chronisch psychisch kranke Menschen und hat es sich zur Aufgabe gemacht, diese oft Ausgestoßenen aufzufangen und wieder in die Gesellschaft zu integrieren. Sie bietet Wohnbetreuung an und die Kiezkantine ist eben ein erfolgreiches Beschäftigungsprojekt für Menschen, die normalerweise aufgrund ihrer seelisch/psychischen Problematik isoliert sind oder in der Gesellschaft unterzugehen drohen.

Bei den Nachbarn ist die Kiezkantine beliebt, von den täglich mehr werdenden Touristen wird das Projekt kaum wahrgenommen. Der soziale Aspekt wird immer noch groß geschrieben, so gibt es täglich zusätzlich ein preiswertes Tagesangebot.

Kristina, die jeden Tag in der Straße unterwegs ist, bemerkt, dass die Menschen in der Oderberger auch nach dem Verschwinden der Mauer noch sehr familiär miteinander umgingen, dass sie, bis auf wenige Ausnahmen, miteinander lebten und nicht nur nebeneinander. Kristina beobachtet aber auch, wie die langjährigen Bewohner weniger werden. Dass sie wegziehen. Vertrieben durch die Dauersanierung der Straße und die damit verbundenen teuren Mieten. Es wird viel Mietspekulation betrieben in dieser Straße, sie ist eine regelrechte Immobilienblase. Durch die rege Nachfrage und dem Zuzug vieler Neuberliner können die Hausbesitzer nach den Sanierungen sagenhafte Mieten aufrufen.

Vor allem die älteren Menschen können das von ihrer schmalen Rente nicht mehr bezahlen. Auch mein ehemaliger Mitschüler Daniel R. und seine Mutter, die seit den siebziger Jahren in der Nummer 4 lebten, mussten 1997 raus aus dem Vorderhaus und in ein Hinterhaus in der Kastanienallee ausweichen. Durch den nun häufigen Wechsel der Bewohner verliert die Oderberger über die nächsten Jahre ihre Besonderheit, denn das Besondere an der Straße war der Dorfstraßencharakter. Dass man ständig jemanden traf, den man kannte, dass man sich die Zeit nahm, dem anderen zuzuhören. Viele engagierten sich für ihre Straße, es wurden gemeinsam Straßenfeste gefeiert. Dieses Gefühl hat sich aus DDR-Zeiten noch in die ersten Jahre des neuen Jahrtau-

Kunst am Bau von Wolfgang Krause. »Doppelblitz« aus der Reihe »Stadtblitze« im Hinterhof der Oderberger Straße 4.

sends retten können, doch mittlerweile, zehn bis fünfzehn Jahre später, also Ende der 2000er, spürt auch Kristina, dass durch die Gentrifizierung, die nun voll im Gang ist, genau dieses Gefühl verlorengeht, dass Menschen herziehen, die zwar freundlich sind, aber nicht aneinander interessiert. Die hohe Fluktuation der Bewohner erhöht die Anonymität und das Nebeneinander-herleben.

Aber es gibt Ausnahmen! Wolfgang Krause – ein sehr unauffälliger Name für einen so kreativen Kopf. Auch er hat einen engen Bezug zur Kiezkantine. Sie ist gewissermaßen ein wichtiger Treffpunkt und auch sein Zuhause, zumindest zur Mittagszeit. Eines seiner spannendsten Projekte ist das Künstlerprojekt *Knochengeld* der Gruppe Ioe Bsaffot: eine alternative Währung, eintauschbar gegen D-Mark, die sieben Wochen gültig ist und auch

Zweiter Hinterhof der Oderberger Straße 45 Mitte der 2000er, links nun Marias Höfe, rechts die Remise mit Motorradwerkstatt.

als Zahlungsmittel in der Kiezkantine und circa dreißig weiteren Geschäften und Restaurants im Prenzlauer Berg akzeptiert wird. Er nutzt die Umstrukturierung und Sanierung der Straße für seine zum Teil raumgreifenden Projekte, die mitten auf der Straße oder an Hausfassaden spielen. Die sind natürlich schwer zu organisieren und oft auch nervenaufreibend, weil ständig unvorhergesehene Dinge passieren und weil eben der jahrelange Baulärm auch an seinen Nerven zehrt. Er hat es in all den Jahren nicht geschafft, seinen Schlafrhythmus an den Baurhythmus anzupassen, als Nachtmensch bekommt er so oft kein Auge zu.

Ihn freut, dass der Leerstand von Künstlern aus aller Welt zwischengenutzt wird. Ob Stadtbad oder leerstehende Läden. Überall nehmen sich Kunst und Kultur ihren Raum. Weh tut ihm, dass Wohnraum zur Ware wird. Dass alte Menschen aus dem Straßenbild verschwinden und das lässige Lebensgefühl dem strukturierten Konsum weicht, dem Geld und damit dem Besitz.

Wolfgang Krause hat die fehlenden Platanen auf seinem Straßenstück nachgepflanzt und kümmert sich ums Gießen. Der Rotdorn auf der langen Seite der Oderberger spendete seiner Meinung nach zu wenig Schatten.

Auch wenn es für seine Kunst immer weniger öffentlichen Raum gibt und sich die zwischenmenschlichen Ebenen mit Zuzug neuer Bewohner aus den ehemaligen alten Bundesländern verändern: Wolfgang Krause bleibt! In der Nähe von Konnopke, Stadtbad und Feuerwache. Er geht nicht nach New York oder Bilbao wie so viele seiner Kollegen. Er bleibt bei seinen Ideen und seiner Heimat. Was nicht heißt, dass er nicht reist. Helsinki und Hongkong sind genauso wichtige Etappen wie Görlitz und Potsdam auf seinem künstlerischen Weg.

Während Wolfgang Krause bleibt und seine künstlerische Arbeit die Straße prägt, hat es meine Mutter künstlerisch nur noch einmal in den Prenzlauer Berg gezogen. 1991 verabschiedete sie sich mit einer letzten Inszenierung, »Schwarzer Rotgold« im Prater in der Kastanienallee. Ihr Stück über deutsche Männerbünde rund um Turnvater Jahn besetzte sie mit einem experimentierfreudigen Schauspielensemble aus Ost und West. Das war ihre Vorstellung von künstlerischer Wiedervereinigung und es kam gut an!

Nadja

Anfang der Neunziger:
Indians in der Oderberger

Unser lieber Scheffel, der seit 1983 in der Nummer 45 lebt und der mir damals die tolle Jacke nähte, ist kurz vor Maueröffnung wie viele andere über Budapest raus – und dann nach West-Berlin. Hat seine Sachen einfach in der Wohnung zurückgelassen und ist dann Mitte November, keine drei Monate später, gleich als die Mauer offen war, zurück in seine Wohnung gekommen, als wäre nichts passiert. Als wäre er nie weg gewesen.

In den Jahren 1990 bis 1992 wird in der Straße, wie im ganzen Prenzlauer Berg, eine illegale Bar nach der anderen in den leerstehenden Wohnungen und Läden eröffnet. Über die letzten DDR-Jahre verschwanden aufgrund der miesen Bausubstanz die meisten Läden und Kneipen in der Straße. Viele Ladenwohnungen waren einfach verschimmelt. Das verstärkte das Gefühl von Trostlosigkeit. Viele Bewohner der Straße sind kurz vor und nach der Wende weggezogen und haben oft ihr ganzes Mobiliar da gelassen. Vor allem die Jüngeren sind weg, die Alten bleiben. Vielleicht sind das Bedürfnis und die Kraft nicht mehr da für einen Neuanfang im neuen, bald wieder vereinigten Deutschland.

Die junge Generation feiert und lebt, als gäbe es kein Morgen. Ich erinnere mich auch an zahlreiche nächtliche Streifzüge in dieser Gegend zu dieser Zeit; mein Lieblingsplatz ist das »Schwarz Sauer« in der Kastanienallee. Die Nächte enden frühestens, wenn es hell wird.

Fred Mullen vor seiner Indian Werkstatt in der Remise der Oderberger 44.

Scheffel unternimmt eine lange Reise und beschließt danach, den Konsum zu mieten und eine Kneipe aufzumachen. Das geht relativ einfach mit einem Kredit. Der neue Hausbesitzer ist in Ordnung, will aber auch seine zwanzig Mark pro Quadratmeter haben. Das »Nemo« entsteht, mit Billard und Musik. Der Laden läuft gut an, es gibt ja nur noch den »Oderkahn« und »Trümmerkutte« an der Ecke zur Kastanienallee. Das ist seit Anfang des 20. Jahrhunderts eine Kneipe und der Laden für die Hardcore-Alkis der Gegend, die Punkt sechs Uhr morgens vorm Eingang warten und Trümmerkutte, so wird der Besitzer genannt, beschimpfen, wenn er auch nur zehn Minuten zu spät kommt, so dringend brauchen sie ihren Stoff. Das Café »EntwederOder« und die »Kiezkantine«, die ungefähr zeitgleich entstehen, das sind die Lokalitäten am Platz Mitte der Neunziger.

Fleischer Dufft in der Nummer 52, der vor dem 9. November 1989 knapp 34 Tonnen Fleisch und Wurst im Monat verkaufte, muss nun mit einem Zehntel des Ertrags pro Monat wenige Jahre später aufgeben und damit einem neuen Mieter weichen. Seit Anfang 2000 hat sich ein thailändisches Restaurant dort etabliert und hält sich seitdem erfolgreich.

Andere Läden folgen. Zum Beispiel die »Oderquelle«, direkt neben der Feuerwache. Der runde Harald ist ein Urgestein und gibt mit seiner Gelassenheit und echten Freundlichkeit dem Laden etwas Besonderes. Auch die Küche hebt sich von den anderen Restaurants ab. Im ehemaligen Ost-Berlin ist die »Neue Zeit der Deutschen Küche« angebrochen, man kocht nicht mehr grob, sondern traditionelle Zutaten werden modern und schonend verarbeitet. Hier trifft gutes Demeter-Fleisch auf frische Wildkräuter aus der Schorfheide und hundert Jahre alte Kartoffelsorten aus Süddeutschland auf superfrischen Matjes von der Ostsee.

Im Jahr 2000 ziehe ich in die Gleimstraße unweit der Oderberger Straße, auf die andere Seite des Mauerparks. Auch sie war eine Sackgasse während der Mauerzeit. Ganz rein in die Oderberger will ich nicht mehr, zu viel ist geschehen, zu lange ist es her. Aber ich treibe mich da regelmäßig rum und die »Oderquelle« in der Nummer 27 – die es übrigens schon einmal vor dem Krieg gab – wird für lange Zeit mein Stammlokal. Nach dem Krieg stand die »Oderquelle« lange leer, bis sich 1968 der Fotograf und Bildhauer Jim Schütz sein Atelier dort einrichtete. Später lebte er auch in seinem Atelier und machte viele Fotos von der Oderberger Straße und deren Bewohnern. Nachdem Jim Schütz Mitte der siebziger Jahre in die Mecklenburgische Schweiz zog, übernahm die Künstlerin Barbara Metselaar Berthold das Atelier, später kamen die Keramiker Felix und Elisabeth Mields ins Atelier und diese wiederum übergaben es an Fred

Zallmann. Auch Fred ist ein Urgestein von Ost-Berlin und vor allem der Oderberger Straße. 1950 auf dem Land geboren, floh er, gerade achtzehn geworden, nach Ost-Berlin. Er führte eine Art Hippieleben, mit wechselnden beruflichen Beschäftigungen wie Lagerarbeiter, Buchbinder bei Ex Libris oder im Antiquariat in der Friedrichstraße. Sich an das sozialistische System anzupassen, fiel ihm schwer. Ein charmanter Lebemann mit Hang zu schönen Frauen, guter Musik und alten Motorrädern. So fuhr Fred wahrscheinlich als Einziger eine alte Indian täglich durch die Straßen der DDR, während andere Sammler sie in ihren Garagen rumstehen hatten und höchstens mal an Feiertagen zur Schau stellten. Um ihn herum scharten sich viele Leute mit gleichen Vorlieben, bald waren sie eine ganze Motorrad-Gang, eng verbandelt mit der Kunst-, Musik- und Modeszene der DDR.

Weil er eher wild lebte, geriet auch er ins Visier der Staatssicherheit. Und für unsteten Lebenswandel konnte man in der DDR wegen Asozialität ins Gefängnis kommen. Da er sich zur Kunst hingezogen fühlte, ließ er sich zum Kunstgießer ausbilden, hatte somit einen festen Beruf und bald Aufträge von den großen Künstlern und Architekten der DDR. 1985 wurde er in den Verband der Bildenden Künstler aufgenommen, was in der DDR ein freiberufliches Leben ungemein erleichterte.

Doch die Motorräder ließen ihn nicht los und Indians wurden in Amerika gebaut. Er heiratete 1986 die amerikanische Sängerin Mary Mullen, bekam damit den Nachnamen Mullen und reiste aus der DDR ohne Umweg aus nach Amerika, konkret nach Kalifornien. Kurze Zeit später kam Fred zurück in die Oderberger. Denn er liebte und vermisste sein Leben hier in der Gegend und natürlich seine Freunde. Mit einer doppelten Staatsbürgerschaft ging das natürlich, Fred pendelte wochenweise zwischen Ost- und West-Berlin hin und her. Bis zum Mauerfall war es Freds

Alltag, in beiden Teilen der Stadt zu leben. Und regelmäßig fand sich ein Teil für ein Bike oder eine kleine Antiquität für einen guten Freund in seiner Tasche.

Als er wegen der Heirat wegging, übergab er das Kunstgießer-Atelier seiner Schwester Sonja. Anfang der Neunziger wurde es für zwei, drei Jahre eine Galerie, dann entschied sich Sonja, die »Oderquelle« nach fast fünfzig Jahren wieder als Restaurant zu eröffnen. Ein kleiner fünfzehn Quadratmeter großer Raum direkt neben der Kneipe gehörte zwar auch Fred, war aber zu klein als Werkstatt für große schwere Motorräder.

Aber Fred will in der Oderberger Straße bleiben! Sie ist etwas Besonderes für ihn. Wegen der Vergangenheit und natürlich auch wegen der gut sichtbaren Sonnenuntergänge und der ruhigen Lage. Das Sackgassen-Feeling hält trotz Maueröffnung noch eine Weile an. Er sucht daher in der Straße nach einem Platz für seine Oldtimer-Werkstatt und findet ihn 1993 in der Nummer 44, in genau jener Remise, auf die ich aus unserer alten Wohnung schauen konnte. Obendrüber im ersten Stock gibt es zeitweise noch eine Tanzschule.

Fred Mullen ist ein König der alten Bikes, keiner kennt sich so gut aus wie er, kann die richtigen Teile beschaffen und hat immer eine Auswahl fertiger Bikes zum Verkauf da. Das zieht auch Filmproduktionen an, denn so eine Location findet man nicht überall. Natürlich sieht das auch der neue amerikanische Eigentümer der Nummer 44 und schraubt die Mieten auf Unsummen hoch, die sich auch eine gut laufende Motorrad-Werkstatt nicht leisten kann. So zieht Fred 2003 aus der Straße aus. Er organisiert weiter Motorrad-Festivals und gründet wenig später das »Road Runners Paradise« in der Saarbrücker Straße – ein Club mit guter Musik und tollen Partys und natürlich einer Motorradwerkstatt nebenan.

Links neben der »Oderquelle« gibt es noch eine kleine Besonderheit: Das »VEB Orange«. Ein Laden, wie es wahrscheinlich so keinen zweiten in Berlin gibt. Vollgestopft mit DDR-Reliquien und Produkten, die mir alle so vertraut sind, dass ich jedes Mal lachen muss, wenn ich den Laden betrete.

Wir haben für unseren Film »Meine Oderberger Straße« auch dort gedreht – und Mario, der Besitzer, betreibt den Laden seit über fünfzehn Jahren mit einer gesunden Mischung aus Nostalgie und Geschäftstüchtigkeit. Man findet alles bei ihm, vom Plaste-Eierbecher über Deodorant bis zur Uniform der Volkspolizei. Das »VEB Orange« ist ein guter Fundus für Berlin-Besucher, die besondere Mitbringsel suchen, und eben für solche Menschen wie mich, die reingehen, um sich zu erinnern.

Rechts von der »Oderquelle« gibt es immer noch die Feuerwache. Die topmodernen Fahrzeuge passen gerade so durch die Toreinfahrten der denkmalgeschützten Wache und noch immer nimmt die Einsatzleitung Rücksicht auf die Anwohner und schaltet das Horn erst auf der Eberswalder Straße beziehungsweise der Schönhauser Allee ein. Und auch die Sommerfeste und Jubiläumsfeiern der Feuerwehr können sich sehen lassen. Wasserspritzspiele direkt vom Wagen für die Kinder und ein Minivolksfest vor der Tür sind regelmäßige Events in der Straße. Am Tag der offenen Tür ist die Wache gerammelt voll.

Schräg gegenüber der Feuerwache wohnt immer noch Frau Grätz in der Nummer 42. Auch diese Hausbewohner haben sich Anfang der neunziger Jahre zu einer Genossenschaft zusammengeschlossen, das Haus gekauft und modernisiert. Ansonsten könnte Frau Grätz von ihrer kleinen Ost-Rente nicht mehr in der Oderberger Straße leben. Sie ist zufrieden hier. Manchmal betrachtet sie die Karawane der Touristen, die sich am Wochenende vom Mauerpark durch die Straße zur KulturBrauerei wälzt, den Blick auf die Smartphones statt auf die schöne Straße gerichtet. Die großen Reisebusse, die sich ebenfalls durch die Straße schieben, findet sie weniger angenehm.

Viel Neues ist entstanden in den letzten Jahren, einige Läden halten sich, andere wiederum mussten schließen und Platz machen für Neues. So wie der »Oderkahn« in der Nummer 11, der 2004 schließt, obwohl es die Kneipe seit über hundert Jahren gibt und sie zum Schluss, kurz vor Mauerfall, die einzige Kneipe in der Straße war. Da gab es Tischordnung. Bauarbeiter, Künstler, Staatssicherheit – jeder schön an seinem Tisch. Der Laden war trotz allem auch beliebt und die Wahrheit über alles steht im Schatten des Rotdorns, der in der Straße blüht.

Frau Grätz ist eine der letzten Oldies der Straße. Wenn sie ins Erzählen kommt, dann kann man die Geschichte der Straße fassen und fühlen, dann wird es plötzlich rund. Und sie kann gut erzählen!

Nadja

2016: Schwimmen in Erinnerungen

Ich gehe »Recherche-Schwimmen«, im frisch renovierten und im Oktober 2016 wiedereröffneten Stadtbad. Eine Sprachschule, die an der Kastanienallee in meiner ehemaligen Schule logiert, hat das marode Bad von der Stiftung Denkmalschutz gekauft und Teile des Gebäudes zu einem modernen Hotel umgebaut. Lange stand nicht fest, ob in diesem Becken jemals wieder jemand schwimmen würde. 1986 geschlossen wegen tiefer Risse im Boden des Beckens, war es knappe vier Jahre eine Brache. Anfang der neunziger Jahre gründete dann Bernd Holtfreter, der sich auch schon beim Hirschhof engagiert hatte, eine Bürgerinitiative zur Sanierung und zum Erhalt des Bades. Einige Jahre wurde ein Sanierungskonzept erarbeitet, 1994 jedoch von der Investitionsliste des Berliner Senats gestrichen. Die Bürgerinitiative organisierte daraufhin eine Zwischennutzung des Bades und so wurde es eine Plattform für hundert verschiedene Themen. Angefangen mit Ausstellungen und Events benachbarter Künstler, die von Visionen und Erinnerungen des Prenzlauer Bergs handeln und die sich damit einen ungemeinen Freiraum erarbeitet haben. Später kamen Techno-Partys, Indoor-Weihnachtsmärkte und Luxusempfänge mächtiger Konzerne hinzu, die es schick fanden, in einem hundert Jahre alten denkmalgeschützten Bad ihren Lifestyle zu zelebrieren. Freie Tanz- und Theaterproduktionen, Konzerte und Fotoshootings waren gang und gäbe.

Anfang 2000, als das Stadtbad seine marode Nicht-Schwimm-bad-Hoch-Zeit hatte, fotografierte ich einmal die Band Moser-Meyer-Döring (ein Bandprojekt des Einstürzende-Neubauten-Drummers Rudolf Moser mit Christian Meyer und Roger Döring) in den alten Wannenzimmern des Bades.

Das Bad war auch dafür beliebt und bekannt – doch es verfiel zusehends weiter. 2007 kaufte die Stiftung Denkmalschutz den wunderbaren Kasten und finanzierte den Unterhalt des Bades ebenfalls mit kulturellen Veranstaltungen. Allerdings musste sie 2010, weil wieder mal zugesagte Sanierungsgelder nicht flossen, das Bad verkaufen. Die GLS Sprachschule gewann im öffentlichen Bieterverfahren mit ihrem Konzept und baute das Bad über mehrere Jahre um und aus.

Ich hatte erst kürzlich, als meine Mutter und ich den Dokumentarfilm über unsere Erinnerungen zur Oderberger Straße produziert haben, eine erneute Begegnung mit diesem Ort, der mich über all die Jahre begleitet hat. 2015 war der ganze Laden eine Baustelle und im Becken lagen Schutt und Staub; mittendrin Stephan Krawczyk auf einem Stuhl und mit Bandoneon auf den Knien und spielte eines seiner Lieder für unseren Film und unser kleines Filmteam radebrechte mit den sehr sympathischen polnischen Bauarbeitern.

Das ist nun knappe zwei Jahre her und das Bad seit Oktober 2016 wiedereröffnet. Das Becken als solches ist sowohl dem Hotelgast als auch dem Ottonormalverbraucher zugänglich. Nun stehe ich an einem der letzten Tage des Jahres 2016 fast ein wenig aufgeregt vor der großen alten hölzernen Doppeltüre, gehe die sechs Stufen hinauf und erinnere mich als Erstes, dass ich meine Eintrittskarte vor mehr als dreißig Jahren gleich rechts am Kassenzimmer, ganz klassisch mit Scheibe und Drehteller, gekauft habe. Das gibt es so nicht mehr, dafür steht mitten im Treppenhaus ein moderner Tresen, gebaut aus den weißen schmalen Kacheln der ehemaligen Wannenbad-Zimmer. Viele alte Elemente finden sich in dem liebevoll restaurierten Haus wieder. Das gefällt mir! Alles in allem entspricht das Ambiente trotzdem mehr einem Hotel als einem Schwimmbad. Das Becken selbst ist durch eine kleine Glaswand der Lobby zu sehen und schimmert wunderbar grün, aber irgendwie anders.

Ich bezahle sechs Euro und suche mich durch die zahlreichen kleinen Türen im Keller, hinter welchen Duschen und Umkleiden versteckt sind. Umgezogen und bereit, meine Bahnen zu ziehen, stehe ich nun in der großen, frei tragenden Halle mit Kuppeldach wie in einer Kirche. Der Anblick ist schön! Mit Sicherheit schöner als damals. Das riesige Oberfenster besteht nicht mehr aus unansehnlichen Glasbausteinen, die man nach dem Krieg eingebaut hat, weil die alten Glasscheiben durch die Detonationen auf dem Nachbargrundstück kaputt gegangen waren. Man kann beim Schwimmen endlich den Nachmittagshimmel sehen. Aber das Bad sieht nicht mehr aus wie ein Bad. Es ist ein Pool geworden. Dinge aus meiner Kindheit, die einem echten Schwimmbad entsprechen, wie Bahnen-Trennleinen oder die Hinweiszeichen in den Bodenfliesen für die Duschen für Jungen und Mädel etc., sind alle nicht mehr vorhanden.

Beim Einsteigen stelle ich bei meiner ersten Bahn fest, dass der Boden nicht mehr abgesenkt von flach zu tief verläuft, sondern im gesamten Becken eine Einheitstiefe von 135 Zentimetern hat. Ein weiterer Punktabzug vom Bad rüber zum Pool. Jetzt sehe ich: Die neue Unterwasserbeckenbeleuchtung lässt das Bad ästhetisch grün schimmern.

Es gibt keinen Bademeister mehr, deshalb die 135 Zentimeter auf ganzer Fläche, dafür Kameras, aber das ist eben unser digitales Zeitalter. Es gibt auch keine Uhr und das ist witzig in

Smartphone-Zeiten. Meins liegt im Schrank und tatsächlich verliere ich mich in der Zeit. Aber klar ist: Es ist ein Hotel geworden mit einem »Schwimmpool«. Die Betreiber haben aus Denkmalschutzgründen – und auch wegen der Ästhetik – versucht, so viel wie möglich in den Originalzustand zurückzuversetzen, aber ein Anpassen an das Hier und Jetzt ist eben auch nötig.

Auch die Beckenlänge erscheint mir kürzer, das kann aber auch deshalb sein, weil ich nun größer bin als eine Fünf-, Sieben- oder Elfjährige. Fünfzig Bahnen à zwanzig Meter ergeben einen Kilometer. Ich schwimme zweiundfünfzig wegen der Wendemanöver und hänge danach am Beckenrand und auch meine Gedanken hängen … in meiner Jugend.

Nach weiteren dreißig Minuten Aquagymnastik mit Terraband lege ich das Band kurz in der Rinne ab, an der man sich festhalten und in die überschüssiges Wasser ablaufen kann. Zehn Sekunden später höre ich ein lautes Schlürfen. Das Bad hat mein Band gefressen. Ich muss lachen. Das Band wird für Jahre im Rohrsystem des Beckens hängen und wir sind auf besondere Weise verbunden.

Vielleicht zeige ich es mal meinem Sohn und erzähle ihm, dass ich hier schwimmen gelernt habe und wie sich alles verändert hat. Für mich persönlich steht das Bad im Nachhinein exemplarisch für die ganze Straße. Das Bad war gut besucht und viel genutzt, vorm Krieg und zu Ost-Zeiten, investiert in den Erhalt wurde jedoch nie. Es folgten die Jahre der »Zwischennutzung« – ein Schicksal, dass das Bad mit den vielen neuen und zum Teil auch nur temporären Galerien, Bars und Restaurants in der Straße teilt. Dann der Zuzug der vielen Neuberliner und das aufwendige luxuriöse Sanieren des Gebäudes – alles ausgerichtet auf die Tourismusbranche und Menschen mit gutem Einkommen. Heute haben alle Häuser der Oderberger Straße ein neues

Gesicht, bis auf die Nummer 2 gegenüber vom Schwimmbad. Unten in dem bis heute unsanierten Gebäude befindet sich eine Bar namens »Kapitalist« oder besser »Kapital ist ...«. Der Hausbesitzer weigert sich, im bekannten Stil zu sanieren und mit viel Gewinn zu vermieten. Äußerlich ein kleines Denkmal an vergangene Zeiten und innerlich ein Symbol für Unangepasstheit. Das finde ich sehr sympathisch zwischen all den bunten Fassaden, den angebauten Balkons und aufgesetzten Dachterrassen, die den Mietwert ungemein erhöhen. Auch Traufhöhe ist mittlerweile käuflich.

Die ehemalige Bombenlücke neben dem Stadtbad, die Nummer 56 wurde 2007/2008 neu bebaut. Von außen nicht sonderlich schön, beherbergt der Neubau innen jedoch Wohnungen, die luftig verschachtelt über mehrere Etagen gehen. Die Bewohner kommen alle aus dem kulturellen Bereich. Produzenten, Autoren, Regisseure, Architekten und Agenturbesitzer leben Wand an Wand und bilden eine nette Hausgemeinschaft.

Ich hab mir ein Bild des Fotografen Harald Hauswald in die Küche gehängt. Eine menschenleere Oderberger Straße in einem Sommer, irgendwann in den Achtzigern. Wenn meine Mutter mich besucht, erinnern wir uns an unser altes Leben in der Straße, bevor wir 1988 ausgebürgert wurden. Auch die Oderberger hat zwei Leben. Ein altes und ein neues.

Die Autorinnen

© Nadja Klier

Freya Klier, geboren 1950 in Dresden, ist Schriftstellerin und Dokumentarfilmerin. In der DDR arbeitete sie bis zu ihrem Berufsverbot als Theaterregisseurin und war 1980 Mitbegründerin der DDR-Friedensbewegung. 1988 wurde sie verhaftet und mit ihrer Familie unfreiwillig ausgebürgert. Freya Klier erhielt zahlreiche Auszeichnungen, darunter das Bundesverdienstkreuz und den Franz-Werfel-Menschenrechtspreis.

© Natascha Paulick

Nadja Klier, geboren 1973 in Dresden, ist Fotografin und Filmproduzentin. Von 1998 bis 2001 studierte sie am Berliner Lette-Verein. Seitdem ist sie freiberuflich als Fotografin tätig und porträtiert namhafte Schauspieler und Künstler. Außerdem arbeitet sie als Produzentin und Regisseurin für Dokumentarfilme. Seit 2013 hat sie das Schreiben für sich entdeckt und arbeitet derzeit an ihrem ersten Roman.

Wir möchten uns bei allen Menschen bedanken, die uns für dieses Buch noch einmal ihre Geschichte erzählt und ihre Fotos überlassen haben. Jede Erinnerung, jedes Detail war für uns eine große Bereicherung.

Mehr Berliner Orte!

Knut Elstermann
Meine Winsstraße
ISBN 978-3-89809-130-5

Andreas Ulrich
Torstraße 94
ISBN 978-3-89809-107-7

Tanja Dückers
Mein altes West-Berlin
ISBN 978-3-89809-122-0

Jörg Albrecht
Der Kotti
ISBN 978-3-89809-129-9

Walter Benjamin
Stadt des Flaneurs
ISBN 978-3-89809-131-2

Brauseboys
Geschichten aus der Müllerstraße
ISBN 978-3-89809-108-4

Manfred Maurenbrecher
Künstlerkolonie Wilmersdorf
ISBN 978-3-89809-128-2

Hans Ostwald
Dunkle Winkel
ISBN 978-3-89809-121-3

Joachim Ringelnatz
Wie ein Spatz am Alexanderplatz
ISBN 978-3-89809-141-1

Rolf Schneider
Die Bölschestraße
ISBN 978-3-89809-120-6

Jörg Sundermeier
Die Sonnenallee
ISBN 978-3-89809-132-9

Kurt Tucholsky
Westend bis Köpenick
ISBN 978-3-89809-109-1

Volker Wieprecht
Zwischen Kreisel und Kleistpark
ISBN 978-3-89809-119-0

www.bebraverlag.de